COMO CUIDAR TU DINERO Y LOGRAR TUS SUEÑOS

Una Guía Sensata Para la Prosperidad

María A. Ángel

ANGEL
PUBLISHERS

Copyright 2010 by Angel Publishers
P. O. Box 2036
Paramount, CA 90723
USA

Maquetación y Diseño de la Portada de Book Elements
www.bookelements.com

ISBN: 978-0-615-31661-1

Contenido

INTRODUCCIÓN   IX
1. PLAN DE GASTOS   1
2. COMO CONTROLAR TU DINERO   11
3. ESTRATEGIAS PARA PAGAR MENOS EN VIVIENDA   19
4. COMO PAGAR MENOS EN SERVICIOS   29
5. COMO ECONOMIZAR EN VÍVERES Y PROVISIONES   47
6. VIVE CON ELEGANCIA Y ECONOMÍA   57
7. SÍ SE PUEDE AHORRAR EN TRANSPORTE   63
8. SALUD VIGOROSA Y DINERO EN EL BOLSILLO   77
9. EXCELENTE EDUCACIÓN CON POCO DINERO   83
10. DIVERSIONES ALEGRES Y ECONOMÍAS SANAS   87
11. MÁS BELLA POR MENOS DINERO   95
12. LÍMPIA TU CASA, NO TU BOLSILLO   99
13. COMO CONSEGUIR ELECTRODOMÉSTICOS Y MUEBLES DE
    CALIDAD A BAJO COSTO   103
14. EL SECRETO DE HACER FIESTAS Y DAR REGALOS A BAJO COSTO   109
15. CÓMO DISCUTIR FINANZAS CON LOS HIJOS   113
16. CÓMO CONVERTIR MALOS HÁBITOS ECONÓMICOS EN BUENOS   117
17. NO PAGUES TANTO POR IMPULSOS LOCOS   121
18. ¿LA EXTRAVAGANCIA ES UN LUJO O UNA NECESIDAD?   125
19. IDEAS PRÁCTICAS PARA "CULTIVAR" DINERO   133
20. EL ÚTIL ARTE DE REGATEAR   139
21. SI CAÍSTE A UN HOYO NO SIGAS CAVANDO   143
22. CÓMO SALIR DE DEUDAS   147
23. INVERSIONES 101   159

iii

A las amas de casa, del pasado, del presente y del futuro, que logran maravillas con poco dinero.

Y a los compañeros que las apoyan.

Amables lectores:

Aunque este libro tiende a dirigirse a las mujeres, esto es sólo porque ellas tradicionalmente manejan la economía del hogar. Los hombres se beneficiarán también de su lectura porque la administración del dinero corresponde a ambos. El dinero ahorrado entre dos se multiplica más rápido y la prosperidad lograda con el buen control de las finanzas, beneficiará a todos los miembros de la familia.

MAA

INTRODUCCIÓN

¡Felicidades querida lectora! Adquirir este libro es una decisión acertada porque es evidencia que tomas en serio tu futuro económico y el de tu familia. Este libro te llevará paso a paso hacia tu seguridad financiera. Mantenlo a la mano para consultarlo cuando lo necesites, te sorprenderás de lo fácil que es cuidar tu dinero y lo agradable que es verlo crecer.

Para simplificar su uso, el libro está dividido en secciones que cubren temas económicos comunes en la vida diaria. Hay dos maneras de sacarle provecho: 1) leer la sección que necesitas al momento con los temas que llamen más tu atención; o 2) comenzar con la primera página y continuar hasta el final. Lo importante es que lo uses como más te convenga para hacer rendir tu dinero y salir adelante en la vida. ¡Adelante caminante!

Si decides leerlo completo, este libro te ofrece una perspectiva económica realizable que personalmente he comprobado durante mis treinta y más años de práctica profesional. Como corredora de bienes raíces, he ayudado a cientos de mis clientes a lograr su sueño de comprar casa. He trabajado igualmente con financieros profesionales observando y aplicando sus métodos en mis propias finanzas y en las de mis clientes.

Tú también puedes lograr excelentes resultados poniendo un poco de esfuerzo de tu parte, y la perseverancia de vivir un día a la vez siguiendo los principios elementales aquí indicados, los cuales funcionan siempre porque están basados en la ley natural de causa y efecto. Su eficacia está demostrada históricamente porque el sentido común funciona en todo tiempo, en todo lugar, tanto en economías incipientes como en economías modernas y avanzadas. Las estrategias sencillas aquí mencionadas han venido creando riqueza y prosperidad desde tiempos muy remotos, y las seguirán creando.

Por lo tanto, cualquiera de las estrategias que aquí leas y apliques en tu vida, te va a aumentar tu capital.

Vale resaltar que las estrategias de control de dinero son particularmente importantes en tiempos de "vacas flacas", cuando la economía está en recesión y miles de trabajadores perdiendo sus empleos, quienes se ven forzados a gastar los ahorros familiares.

El libro tiene una premisa fundamental que te va a llevar hacia el éxito: **tú controlas tu vida**; en tus manos está el timón que controla tu destino. Este ejemplar por lo tanto, te mostrará cómo controlar tu dinero en vez que tu dinero (o su ausencia), te controle a ti.

Aquí aprenderás cómo establecer un presupuesto familiar teniendo en cuenta la diferencia entre tus necesidades y tus gustos. Una necesidad es algo primordial que todo ser humano necesita para vivir, como techo, comida y cuidado médico.

Un gusto es algo que nos agrada pero que no necesitamos para vivir, como un carro nuevo, un viaje de placer o ropa llamativa de moda.

Asimismo aprenderás cómo organizar tus finanzas para pagar deudas y las necesidades del hogar, eliminando así una de las mayores angustias de los hogares modernos. Sin angustia y con mente más tranquila, establecerás prioridades económicas de acuerdo con lo que más quieres para ti y tu familia. Fijarás una meta clara de lo que te propones, porque así lograrás estirar el dinero para que te quede un excedente que te permita ahorrar, gastar e invertir. De esa manera, la tarea de mantener un buen balance te será fácil y automática.

Cuando controles tus finanzas, cuando tu dinero trabaje para ti en vez de tú trabajar por dinero, te aseguro sin titubeos, que comenzarás a realizar tus sueños por imposibles que parezcan a primera vista. Así que, atrévete a soñar en lo que es importante para ti, ya sea en una casa nueva, la educación de tus hijos en una universidad prestigiosa, llevar a toda la familia de vacaciones o tener una vejez tranquila sin privaciones. Cualquiera de estos sueños (o todos) se pueden convertir en realidad con un poco de planeamiento y disciplina.

Siguiendo el sistema fácil y lógico del libro, no tienes que pensar tanto en los detalles de planeamiento. Para comenzar, simplemente pones tu información en las formas sencillas que aquí encontrarás, las cuales pueden adaptarse a cualquier situación casera. En cuanto a la disciplina, el mismo poder que te dio la capacidad de soñar, te permitirá lograr progresivamente tus metas. Vale la pena repetir que la situación más difícil se puede ir arreglando y los sueños se pueden ir logrando, viviendo un día a la vez.

En varios lugares de este libro, encontrarás conexiones electrónicas a sitios de internet que te facilitarán búsqueda de datos relacionados con finanzas familiares. El propósito es hacerte la vida más cómoda y mostrarte por dónde comenzar a buscar. Sin embargo, ni la autora ni la casa editorial pueden hacerse responsables de la veracidad del contenido de tales sitios, los cuales están cambiando constantemente. Si alguno de estos sitios ofrece cosas para la venta, te aconsejamos que investigues cuidadosamente las ofertas que encuentres. El que mencionemos conexiones al internet no significa que recomendemos que tú compres lo que venden.

Comenzar un presupuesto familiar es más fácil de lo que piensas una vez que te lo propongas y te fijes una meta. Confucio dijo *"un viaje de 1000 millas comienza con un paso"*. Es un dicho muy sabio. ¡Entonces comencemos ya con el primer paso!

1. PLAN DE GASTOS

Manos a la Obra. Para iniciar, búscate un lugarcito en el cual puedas trabajar sin interrupciones; donde puedas dejar tus papeles sin guardarlos y después tener que buscarlos de nuevo. Asegúrate de tener libreta para anotar, lápiz, borrador y una calculadora. También, si es posible, lo ideal sería que incluyas en esta tarea a tu cónyugue.

Comienza por utilizar la forma de *Plan de Gastos* mensuales que encontrarás en la siguiente página. Prefiero el nombre *Plan de Gastos* al de Presupuesto Familiar (son la misma cosa) porque un *plan* indica *acción*, o sea que ya te estás moviendo y resolviendo tus problemas. "Presupuesto" asusta a algunos porque es una palabra técnica que utilizan los economistas y los contadores, y mucha gente no comprende exactamente qué es eso. Como podrás darte cuenta, se trata simplementede un lugar donde anotas las entradas y salidas de tu dinero.

Para que no te mates pensando cómo hacerlo, el *Plan* ya tiene los gastos fijos mensuales agrupados por categoría como: vivienda, transporte, víveres, entretenimiento etc. Tú simplemente anota lo que gastas en cada categoría.

Si eres la clase de persona que guarda los recibos de compras y cheques cancelados, tu trabajo será más fácil. Si no lo eres, te recomiendo lo siguiente: anota en tu libreta, meticulosamente por un mes, la cantidad de gastos en víveres, artículos de uso personal, artículos de limpieza y todo lo demás adonde se va tu dinero diariamente. Guíate por las categorías del *Plan de Gastos*. Si no estás segura de cuánto gastas en cada categoría, está bien que adivines lo más cerca posible. Desde hoy cada vez que salgas, apunta los gastos que haces, incluyendo compras pequeñas como café y pan por las mañanas. Guarda todos los recibos de compras en un sobre y al fin del mes sepáralos por categoría. Así tendrás toda la información que necesitas para tu presupuesto mensual.

De un vistazo te darás cuenta adónde se va tu dinero y te será más fácil determinar dónde reducir gastos. Probablemente te sorprenderá ver algunos gastos en cosas que no te traen más felicidad ni mejoran tu bienestar cotidiano. Nota, sin embargo, que el *Plan de Gastos* tiene una categoría llamada "*Gastos Superfluos*" por si quieres seguir gastando en estas cosas. Al menos, ahora que ya estás controlando adónde se va tu dinero, si lo despilfarras es porque así lo quieres y no porque lo gastes sin darte cuenta.

Y hablando de control, el propósito del *Plan de Gastos* es decidir cómo gastar el dinero que recibes **_antes_** de que llegue tu cheque. De esa manera sabrás con certeza adónde y cuándo se va cada dólar que gastas, incluyendo el dinero que deseas ahorrar y hasta el que vas a despilfarrar. No va a haber más razones para angustias ni preocupaciones por dinero. El *Plan de Gastos* es una herramienta poderosa para construir tu futuro.

PLAN DE GASTOS

CATEGORÍA:	$CANTIDAD	CATEGORÍA:	$CANTIDAD
Fondo de Emergencia		**Transportación:**	
Fondo de Retiro		$ Pagos de automóvil	
Fondo de Educación		$ Seguros de carro	
SUBTOTAL		$ Gasolina	
		$ Mantenimiento	
Vivienda:		$ Llantas y repuestos	
$ Renta o hipoteca		SUBTOTAL	
$ Agua			
$ Gas		**Ropa y Zapatos**	
$ Electricidad		SUBTOTAL	
$ Recolección de basura			
$ Mantenimiento		**Comunicaciones:**	
$ Seguros		$ Teléfono	
$ Impuestos propiedad		$ Celular	
SUBTOTAL		$ Internet	
		SUBTOTAL	
Alimentación			
$ Víveres		**Entretenimiento:**	
$ Comidas por fuera		$ Cine y Videos	
$ Comidas en escuela		$ Cable	
$ Comidas en trabajo		$ Restaurantes	
SUBTOTAL		$ Deportes	
		$ Golosinas	
Salud		$ Cuidado de niños	
$ Seguros de salud		$ Fiestas	
$ Gastos médicos		SUBTOTAL	
$ Medicinas/vacunas			
SUBTOTAL			

CATEGORÍA:	$CANTIDAD	CATEGORÍA:	$CANTIDAD
Gastos de Educación:	_____	**Regalos:**	
$ Libros	_____	$ Navidad	_____
$ Matriculas	_____	$ Cumpleaños	_____
$ Útiles escolares	_____	$ Quinceañeras	_____
SUBTOTAL	_____	$ Bautizos	_____
		$ Graduaciones	_____
Vacaciones:		$ Aniversarios	_____
$ Transporte	_____	$ Nacimientos	_____
$ Hoteles	_____	$ Bodas	_____
$ Comida	_____	SUBTOTAL	_____
$ Taxi	_____		
SUBTOTAL	_____	**Extras:**	
		$ Salón de belleza	_____
Donativos/Contribuciones		$ Cortes del pelo	_____
SUBTOTAL	_____	$ Magazines/periódicos	_____
		SUBTOTAL	_____
Despilfarro de Dinero			
SUBTOTAL	_____		

TOTAL DE GASTOS: _____

Cómo organizar tus gastos con sueldos irregulares

Muchos de nosotros estamos en profesiones donde se nos paga esporádicamente y a veces ni siquiera sabemos cuánto dinero nos va a llegar. Si tú trabajas en ventas y te pagan exclusivamente a comisión, eres dueña de un negocio o tus ganancias son residuales, entonces no podrás predecir cuándo recibes tus cheques.

Es más, en épocas de recesión, el dinero va a entrar lentamente y es mejor que tengas una estrategia para enfrentarte a los acreedores si no tienes dinero a la mano para hacer todos tus pagos.

No te escondas de nadie; es más ventajoso enfrentarte a la situación. Comienza a hacer llamadas y explica tus circunstancias. Haz énfasis en decir que tú tienes un plan para cancelar tus deudas. La gran mayoría de los acreedores te va a tener paciencia si los convences que sí les pagarás. Si estás, o crees que estarás, en aprietos contacta a la Asociación Nacional de Consejeros de Crédito que en inglés es *National Association for Credit Counseling*, esta es su página en internet: http://www.nfcc.org/.

Lógico que con el dinero que tengas a la mano, **primero deberás pagar lo esencial**: comida, vivienda, servicios, medicinas, gasolina y otros artículos de primera necesidad. Piensa con sentido práctico. Con dinero limitado es mejor que sufra tu puntaje de crédito a que perjudiques tu salud o dejes de pagar tu renta y termines de patitas en la calle. Después de lo esencial, paga gastos relacionados con tu trabajo o tu negocio: tales como guardería infantil, vehículo, obligaciones legales como impuestos y manutención de menores.

Luego, con el dinero que te sobre y el que sigas recibiendo, paga el resto de las deudas como las tarjetas de crédito y deudas personales sin garantía.

Para administrar mejor tus finanzas, haz una lista de cuentas

por pagar en orden de importancia para cuando recibas dinero.
Te doy una idea con el siguiente ejemplo:

Categoría	Pago por Hacer	Suma de Pagos Acumulados
1. Ahorros Personales	$100	$100
2. Mueblería	$250	$350
3. Tarjeta de crédito	$200	$550
4. Fondo para Viaje de Vacaciones	$150	$700
5. Deuda Personal	$100	$800

Observarás que en la tercera columna sumas los pagos y los vas totalizando línea por línea. En este ejemplo, si sólo recibes $550 dólares, te va a alcanzar para pagar hasta la tercera línea (la tarjeta de crédito). El resto lo pagarás cuando recibas más dinero.

Con dinero limitado sé firme y defiende tus prioridades, porque va a haber muchas cosas *urgentes* en que gastar dinero que no son prioridades. Cuando recibas un cheque ten tu lista de pagos por hacer a la mano y paga hasta donde alcances. Mantén siempre en mente que tú controlas tu vida y tus gastos.

Controla primero los gastos fijos

Ahora que ya sabes donde gastas tu dinero, te habrás dado cuenta de los gastos fijos que tienes que hacer cada mes, por lo tanto te será más fácil tomar control de tus finanzas y probablemente reducir lo que gastas en cada categoría. Anota tus gastos fijos en el calendario por fecha y ponlos en un lugar visible para que no se te olvide hacer los pagos a tiempo y evitar recargos. Por ejemplo:

El primero del mes:
  Pago de renta o hipoteca
  Pago del carro
  Tarjetas de crédito
El diez del mes:
  Pago de agua
  Electricidad
  Teléfono
Y así sucesivamente el resto del mes.

Al final de este ejercicio te darás cuenta de cuál es en realidad tu estado financiero y te darás cuenta también si estás gastando más de lo que ganas. Lo más seguro es que cada mes estás cargando gastos a tus tarjetas de crédito y endeudándote más y más profundamente.

Entradas de dinero

Una vez que tengas todos tus gastos en orden, anota todas las entradas de dinero mensuales, comienza con tu sueldo principal. Incluye sueldos de medio tiempo y los dineros que te ganes haciendo trabajos esporádicos. Asegúrate de anotar la cantidad neta que recibes después de deducciones por impuestos y otras contribuciones.

Para hacer un promedio mensual de lo que te ingresa haz la siguiente operación: multiplica tu sueldo por hora 40 horas la semana, luego vuelve a multiplicar, ahora por 52, que son las semanas del año y por último divide entre 12 meses (del año). Te muestro un ejemplo más claro:

$15 (por hora) X 40 (horas de trabajo por semana) = $600 por semana.
$600 por semana X 52 (semanas en un año) = $31,200 por año.
$31,200 divididos entre 12 meses = $2,600 sueldo mensual.

Ahora anota tus entradas de dinero en la forma de *Dinero que Entra* (próxima página). Esta forma está diseñada para apuntar lo que ganas en forma regular, aun cuando lo que recibas sea esporádico. Cualquier otro dinero que te llegue de sorpresa, úsalo para salir adelante, no lo malbarates.

DINERO QUE ENTRA

PROCEDENCIA	CANTIDAD	OBSERVACIONES
Salario, esposo	$_____	_____
Salario, esposa	$_____	_____
Salario, otro	$_____	_____
Comisiones	$_____	_____
Ganancias del negocio	$_____	_____
Primas y bonificaciones	$_____	_____
Pensiones	$_____	_____
Seguro Social	$_____	_____
Cheque por desempleo	$_____	_____
Cheque por incapacidad	$_____	_____
Intereses	$_____	_____
Dividendos y réditos	$_____	_____
Rentas	$_____	_____
Fondo de fideicomiso	$_____	_____
Regalos en efectivo	$_____	_____
Otras Entradas	$_____	_____
TOTAL	$_____	

2. COMO CONTROLAR TU DINERO

La riqueza se establece de diferentes formas. La forma más sólida, que también te va a dar completo control sobre tu dinero y te va a permitir forjar tu independencia financiera, es fomentar tus ahorros y luego invertirlos cuidadosamente para crear capital. Para que eso suceda es necesario saber cómo administrar el dinero y controlar gastos.

Para administrar mejor ese ingreso, es conveniente que mantengas una parte en efectivo en casa para pagar ciertos gastos y el resto en el banco. Si no tienes cuenta corriente, comienza por abrir una. Luego autoriza a la oficina de personal en tu trabajo a que deposite tu cheque de salario directamente a tu cuenta. Y si ya convenciste a tu pareja de apoyarte en el plan de ahorros familiar, aconséjale que haga lo mismo.

Después, para acrecentar tu dinero, abre una cuenta de ahorros (con tu pareja si es posible) en una institución que no cobre un cargo mensual por ahorrar, ya sea un banco o una cooperativa de crédito (*Credit Union*). Algunos bancos no cobran cargos de servicio si uno mantiene un mínimo en la cuenta de ahorros, en algunas instituciones bancarias es sólo de $100 dólares. Generalmente las Cajas de Ahorro *(Saving Banks)* pagan intereses más altos y cobran menos. Si es posible, abre la cuenta de ahorros en un banco lejos de tu casa y no aceptes tarjeta de cajero automático, así te será más difícil quitar dinero de tus ahorros.

Como sugerencia, autoriza la transferencia automática mensual de cierta cantidad de tu cuenta corriente a la de ahorros.

No importa si es muy poco dinero, lo que importa es que empieces a ahorrar con regularidad. El concepto básico es que debes *pagarte primero a ti misma* y que además ganes intereses sobre lo que te pagas. El resto del dinero lo dejas en tu cuenta corriente para los gastos caseros, así podrás gastar únicamente lo que está a tu alcance. Al pasar el tiempo, una vez que te pongas al día con tus deudas, el próximo paso será transferir a ahorros el 10% de tu salario neto y pagar tus gastos y tus cuentas con el resto. Y siempre, *gastar menos de lo que ganas*.

Vale la pena enfatizar que, para que tu plan de ahorro funcione, es necesario tener un buen motivo. Piensa y visualiza qué te motiva a ahorrar: ¿Salir de viaje con la familia?, ¿ahorrar para comprar una casa?, ¿cambiar tu vestuario por completo? o ¿jubilarte con bastante dinero para tener una vejez tranquila?

Además, comunícale a tu familia tu plan de ahorros reiterando las ventajas para ellos. Muéstrales el presupuesto familiar para que todos vean las razones de implementar este plan; convéncelos para que estén de acuerdo y te apoyen. Cuando veas resistencia de su parte, pregúntale a cada uno de los miembros de tu familia cuáles son sus preferencias, ya sea de diversiones, de entretenimiento o de vacaciones. Piensa qué motivaría a tu pareja a participar en el plan de ahorro familiar, ¿un carro nuevo tal vez?

Cuando alguien de la familia te pida algo que está fuera del presupuesto, te será fácil darle a escoger una alternativa (una sola): ¿Qué prefieren, comer pizza o salir al cine?, ¿una bicicleta o una patineta?, ¿un viaje a Cancún o una visita a Disneylandia? Sé firme e insiste que por el momento no puedes comprarles todo lo que piden. La misma regla se aplica para ti. Cuando veas un par de zapatos similar a los que ya tienes en casa pero de diferente color, imagínate mejor estar tomando el sol en una playa del Caribe.

Y ya que todos en tu casa están de acuerdo en ahorrar, el primer paso es tener dinero para enfrentar esas emergencias que suceden de improviso, dándonos desagradables sorpresas: que se avería el carro, que un familiar tiene un accidente, que a tu pareja le imponen una multa fuerte por una infracción de tránsito. Tarde o temprano va a suceder una emergencia y no vas a seguir pagando con tarjetas de crédito y endeudándote más. Necesitas tener por lo menos $1,000 en un fondo de emergencias, es tu primera prioridad, pero ¿cómo ahorrarlos?

Establece metas razonables

Metas fáciles y corto plazo. Para que comiences a ver los frutos de tu esfuerzo, es decir tener billetes en tus manos y ver crecer tu saldo en la cuenta de ahorros, la manera más fácil es establecer metas razonables y fáciles de alcanzar. Si no estás acostumbrada a fijar metas, comienza con pasos pequeños. Digamos que quieres producir $100 dólares el próximo mes. Comienza por ahorrar en la categoría que te parezca más fácil. Por ejemplo, si acostumbras comprar almuerzo en la calle y el almuerzo te cuesta $7 dólares por día, entonces lleva almuerzo de tu casa cuatro días por semana y el quinto día lo compras en la calle como premio a tu constancia. De esa manera ahorrarás $28 dólares a la semana o sea como $112 dólares al mes. Asegúrate de poner este dinero en tu alcancía.

Si tu pareja te colabora, entre los dos pueden fácilmente comenzar a ahorrar $224 dólares al mes en dinero contante y sonante. Otras maneras factibles de alimentar al marranito de tu alcancía son:

- Ahorrar todo el cambio que recibes en monedas (así no se te desgastan los bolsillos). Aliménta tu marranito a diario.
- Límpia tu clóset de cosas que ya no usas y haz una venta de garaje.
- En vez de comprar café caro, prepáralo tú misma. Te

ahorrarás unos $30 dólares por semana si acostumbras a comprarlo diariamente.

- Deja también de comprar golosinas y comida chatarra en las maquinitas.
- Y si fumas, ¿qué tal si dejas el vicio? ¿Has hecho cuentas cuánto gastas a la semana comprando cigarrillos?

Meta intermedia. Una vez que ahorres $100 dólares en un mes, sigue usando las mismas técnicas para completar, en seis meses, los $1,000 que necesitas para tu *fondo de emergencia*. Sigue buscando economías, el que busca encuentra.

- En los próximos tres meses puedes ahorrar $50 dólares en provisiones comprando económicamente en cantidad y usando cupones de descuento (los encuentras en el periódico, en los anuncios que te llegan por correo o en Internet).
- Ahorra $100 dólares cancelando suscripciones a periódicos y revistas (las noticias y comentarios los puedes leer en-línea), o en ir al cine semana de por medio en vez de todas las semanas.
- Otros $100 dólares los puedes ahorrar comprando ropa para toda la familia en los almacenes de a dólar o de descuento. Son ya $250 dólares más que puedes usar para tu fondo de emergencia.

Apenas completes los mil dólares, pon ese dinero en una cuenta especial en el banco, por ejemplo una Cuenta de Mercado de Divisas *(Money Market Account)*. Sencillamente, esta es una cuenta de ahorros que paga una fracción más de interés que las otras cuentas de ahorros. Aquí el dinero estará a tu disposición cuando lo necesites en una emergencia, pero no te estará tentando para que lo uses en otras cosas. No inviertas tu fondo de emergencia en fondos a largo plazo para ganar más interés; el propósito de este dinero es utilizarlo inmediatamente cuando tengas una urgencia verdadera. Por ahora estás dando tus primeros pasos. Ya habrá más tarde otros ahorros que puedas invertir a largo plazo, ganando buen interés compuesto para que aumente tu fortuna. En la página de inversiones te hablaré de ellos.

Metas a largo plazo. La próxima meta es reducir tus deudas o pagarlas todas en un año. Échale un vistazo a tu *Plan de Gastos* para determinar los gastos superfluos más probables de eliminar. Las estadísticas del Departamento de Trabajo de los Estados Unidos dicen que las familias latinas gastan al año, un promedio $46,409 dólares. Si nos lo proponemos, bien podemos ahorrar un dólar por cada siete que gastemos (menos del 15%). Esto nos daría ahorros anuales de $6,961, una fuerte suma de dinero. Busquemos dónde economizar ese dinero para poder pagar deudas.

• Compra víveres los días que hay ventas especiales en el supermercado, usando además tus cupones de descuento. No tienes que cambiar de gustos, simplemente comprar en días que te resulte más barato con tu estrategia. Si lo aplicas, el promedio de ahorros es de $1,800 dólares por año.

• Compara precios al comprar tus seguros y eleva tus deducibles. El promedio de ahorros anuales en seguros de vivienda y de auto es de $320 dólares.

• En cuanto a seguro de vida, cómpralo por término limitado (unos 20 años mientras crecen tus hijos), en lugar de comprar seguro completo que incluye póliza de ahorros. El ahorro anual es de $600 dólares.

• Cancela tu membresía en el gimnasio – al que quizá no acudes – ($70 dólares al mes) y en el club donde rentas tus películas en DVD ($20 dólares al mes). Puedes sacar DVD gratis de la biblioteca pública. El ahorro anual es de $1,080 dólares.

Estrategia para pagar deudas. Es bien simple: pagarlas lo antes posible. Toma el dinero que has conseguido ahorrar y comienza a reducir tus deudas de tarjetas de crédito. Aunque los expertos sensatamente recomiendan que primero pagues las cuentas donde te cobren intereses más altos, yo diría que comiences a pagar las cuentas más pequeñas. Al ir cancelando cuentas pequeñas, sicológicamente te sentirás más satisfecha porque estarás eliminando acreedores y te quedará más dinero para pagar las deudas grandes. Esa sensación de ir resolviendo problemas contribuirá a tu salud mental al hacerte sentir más tranquila. Claro está que ahorras más dinero pagando primero las cuentas que te cobran más interés. Si tienes varias tarjetas con el mismo porcentaje de interés, paga primero las tarjetas que tengan el balance más bajo.

Después de las deudas. Al terminar de pagar tus deudas, prémiate a ti y premia a toda la familia con algo especial; tal vez unas vacaciones cortas. No olvides, sin embargo, las buenas costumbres frugales que has aprendido. Empieza a planear tus vacaciones con varias semanas de anticipación y compara precios de varios paquetes económicos. Diviértete gastando mesuradamente. Durante el viaje, compra comida en los *delis* del supermercado en lugar de salir tanto a restaurantes. No malgastes tu dinero comprando chucherías para turistas. Después de las vacaciones sigue con tu gran estrategia de economizar; alienta también a los de tu casa a continuar por el buen camino.

Y ya sin deudas, para seguridad financiera tuya y de tu familia, en caso de un descalabro económico como la pérdida de tu empleo, empieza a ahorrar para tener un fondo de emergencia que cubra los gastos de la casa entre tres y seis meses. Procura ahorrar unos $15,000 para suplir este fondo.

Después de protegerte contra emergencias, otra importante meta a largo plazo es ahorrar por lo menos $20,000 dólares para el entre de una casa o pagar por completo la que ya tienes.

Y cuando llegues a este punto, estarás muy por encima del

promedio e irás por buen camino hacia la riqueza y la independencia económica.

3. ESTRATEGIAS PARA PAGAR MENOS EN VIVIENDA

El gasto de vivienda es uno de los más grandes del presupuesto familiar. Los expertos aconsejan que este gasto, ya sea de renta o hipoteca (si es que estás comprando tu casa), debe estar entre el 25% y el 39% de las entradas familiares. Sin embargo, cada día es más difícil adaptarse a ese porcentaje. Las rentas son muy altas y algunas familias pagan hasta el 50% de su salario para vivir bajo un techo. Sin embargo existen muchas formas de ahorrar en el gasto de vivienda. Implementa algunas de las ideas sugeridas en este libro, para que reduzcas el costo a 30% del presupuesto familiar o menos. Así que ¡ánimo y adelante!

Para los dueños de casa

Economiza Refinanciando. Revisa el porcentaje de interés que estás pagando en tu hipoteca; tal vez puedas ahorrarte dinero con un refinanciamiento. Llama a tu banco, o a la institución donde tienes tu hipoteca y pregunta qué tasa de interés te cobrarían si refinanciaras con ellos. Pídeles un presupuesto por escrito incluyendo el costo de papeleo (que va a ser entre un 2% y un 4%). Por regla general, para que valga la pena refinanciar, el interés que te ofrezcan tiene que ser por lo menos 1.5% más bajo del que tienes actualmente. Además, es mejor refinanciar cuando la deuda es relativamente nueva – *de cinco años o menos* – desde que compraste o desde que refinanciaste. Ten presente que durante los primeros años estarás pagando principalmente interés, y pasando el quinto año comenzarás a reducir más lo que debes al principal (revisa tu tabla de amortización). Por ejemplo, si tienes una hipoteca con interés fijo de 7.0% a 30 años, el nuevo interés tendría que ser de 5.5% o menos para que te convenga refinanciar. En una hipoteca de $150,000 te ahorrarás $52,657 dólares ($146 al mes). Claro está que te van a cobrar unos $4,500 dólares de "papeleo". Es esencial que pidas no menos de cinco presupuestos (y que sean gratis) a diferentes bancos. Pídele a cada banco que te dé un estimado de los cargos que te van a cobrar. Muchos bancos, además de los intereses y cargos administrativos, van a querer cobrarte cargos adicionales sin fundamento los llamados "cargos chatarra" (*junk fees*), sólo por la avaricia de sacarle al consumidor todo el dinero que sea posible sin meterse en demasiados problemas con los inspectores del gobierno. Haz negocio con un banco que sea honrado y que responda a todas tus preguntas.

Paga extra al principal. Si tu presupuesto te lo permite, paga $100 extra al principal de tu hipoteca cuando envíes el pago de la casa cada mes y así reducirás por varios años el pago de intereses. Francisco y Juana hicieron eso precisamente para reducir su hipoteca de $200,000 dólares. Comenzaron a enviar *$100 dólares más* a su mensualidad y terminaron de pagar su préstamo 66 meses por adelantado (5 años y seis meses), ahorrándose $49,139 dólares en intereses. ¡Imagínate!, es como si ganaras 166% de interés en tus $100 dólares adicionales que pagas. ¡No vas a encontrar una mejor inversión en ningún lugar del universo!

Asegúrate que tu seguro esté vigente. Siempre mantén tu seguro de fuego vigente con la compañía que escogiste al comienzo de la hipoteca. Si no pagas a tiempo la cuota anuual, el banco se encargará de poner tu seguro con una compañía que ellos escojan y te cobrará una suma más elevada.

Júntate con buenos grupos. Busca compañías de seguro que ofrezcan descuentos a grupos o asociaciones a los que perteneces. Pagas menos, por ejemplo, si eres miembro de algún grupo especial como la Asociación de Personas Retiradas (AARP por sus siglas en inglés), la Asociación Americana de Automovilistas (AAA) y otros similares. Si perteneces a alguna organización, te conviene preguntar para qué descuentos calificas.

Ahorra con seguros múltiples. Ahorra del 15% al 20 % en el seguro de tu casa al asegurar también tu auto con la misma compañía. Por tener varios seguros con la misma compañía te harán descuento en ambas pólizas. De nuevo, pide estimados gratis a diferentes compañías.

Aumenta el deducible. Acepta un deducible (la cantidad que tú pagas de tu bolsillo en caso de percance) más alto en tu seguro de fuego para que te reduzcan la tarifa anual. El deducible más alto te ahorrará un promedio de $100 dólares al año. Según la ley de las probabilidades, la posibilidad que ocurra un incendio en casa es, relativamente, muy baja mientras que el seguro tienes que pagarlo todos los años (100% de certeza). Por eso las compañías de seguros tienen más dinero que nosotros.

Alarmas y cerraduras. Ahorra hasta un 5% en el seguro de tu casa instalando alarmas y cerraduras con cerrojos de pasador en las puertas de entrada a tu casa. Al estar mejor protegida tu casa, la compañía de seguros te dará un descuento.

Extintores de fuego. El descuento puede ser hasta de un 10% en tu póliza si instalas en casa extintores de fuego o alarma contra incendio. Un buen extintor (clasificado ABC para proteger contra cualquier tipo de fuego), se puede conseguir por unos $100 dólares (2009), y lo mismo cuesta una alarma contra incendio. Ambos los venden con instrucciones para instalarlos. Tú y tu familia estarán mejor protegidos en una casa con extintores automáticos. Si tienes preguntas lláma al Cuerpo de Bomberos donde vives.

La fidelidad cuenta. Si mantienes tu seguro con la misma compañía por varios años, también te podrás ahorrar hasta un 5%, sobre todo si de vez en cuando los llamas para decirles que encontraste otra compañía que te cobra menos.

La madurez tiene sus ventajas. Si tienes 50 años o más de edad, llama a tu compañía de seguros y pídeles un descuento. Muchas compañías lo hacen porque piensan que una persona de esa edad cuida mejor su casa que una persona joven.

Plomería, calefacción y electricidad. Cuando reemplaces algo en tu casa que corresponda a uno de estos tres sistemas, llama inmediatamente a tu agente de seguros y comunícale que has reemplazado uno o más elementos en esta categoría y pídele descuento en tu póliza. Como dice el dicho: "el que no pide, Dios no lo oye".

Descuento en impuestos prediales. Varios estados en los Estados Unidos, para alentar a la gente a comprar casa, ofrecen una rebaja en impuestos prediales a los dueños que vivan en su residencia personal (los inmuebles en alquiler no califican). Muchos otros estados ofrecen además deducciones especiales a dueños mayores de 65 años y/o minusválidos, lo mismo que a veteranos de las fuerzas militares.

Si vives en California, puedes ahorrar unos $80 dólares al año en impuestos llenando la forma de Exención para Propietarios de Casa (en inglés es *Homeowner's Exemption*); esta llega automáticamente por correo cuando compras casa. La consigues también en la oficina del Avaluador del Condado *(County*

Assessor) en el condado donde vives o pídesela a un agente de bienes raíces. La exención es sobre $7,000 dólares del valor avaluado de tu casa, mientras vivas en ella.

También, varias jurisdicciones ofrecen descuentos en impuestos prediales a las residencias que tengan sistemas activos de energía solar.

Pago de impuestos prediales con hipoteca. Si tu pago mensual de hipoteca incluye impuestos prediales, *"property taxes"*, asegúrate que el banco haga dichos pagos al fisco a tiempo. De vez en cuando el banco paga tarde y es a ti a quien le cobran la multa por retraso, no al banco. Así que para protegerte, revisa cuidadosamente el estado de cuenta que te envía el banco, sobre todo los meses de noviembre, diciembre, marzo y abril que es cuando se deben pagar los impuestos prediales. Coteja las cantidades con la información que recibes de la oficina de catastro (*County Tax Assessor* en los Estados Unidos) para cerciorarte que esos pagos se han hecho.

Revisa tu cobro mensual. Hay quienes no se toman el trabajo de revisar su cobro mensual y se llevan tamaña sorpresa al ver cargos que no deben estar ahí, pero eso no te va a pasar a ti porque vas a revisar tu factura cada mes y llamar inmediatamente tan pronto notes que te están facturando más de lo que debes. Los bancos cometen errores con frecuencia y ¡sorpresa! la gran parte del tiempo a su conveniencia. ¿Cierto que es curioso?

Muebles y pertenencias. Si tus muebles y pertenencias personales llevan varios años de uso y su valor ha disminuido, evita pagar seguro por tales enseres en tu póliza de *dueño de casa*. Las tragedias que destruyen casas con pertenencias adentro suceden raras veces y si tal cosa te pasara a ti, lo más probable es que podrías reemplazarlas con menos de lo que estás pagando por su seguro. El ahorro es un promedio de $200 dólares al año, los cuales estarán mejor en tu bolsillo que en el de la compañía de seguros.

Pinta la casa tú mismo. El costo promedio de pintar por dentro una casa de tres alcobas es de aproximadamente $1,500 dólares. Tú puedes aprender a hacer este trabajo sin correr riesgos innecesarios y usar ese dinero para costearte un viaje de vacaciones. Aprovecha la información sobre como pintar y reparar, y otros servicios gratuitos que ofrecen las tiendas que venden pintura.

Reparaciones. Aprende a hacer reparaciones sencillas en tu casa en vez de llamar a un profesional cada vez que algo se descompone. Te sorprenderías de lo amables que pueden ser algunos profesionales si les pides asesoramiento. Una de mis clientes aprendió a resanar hoyos en las paredes, a pintar y a reemplazar madera podrida en áreas cosméticas. Haciendo las reparaciones ella misma se ahorró dinero suficiente para comprar muebles nuevos. Cuando necesites *reparaciones de emergencia* que no sepas hacer tú misma, llama de preferencia pidiendo ayuda a tus amigos o familiares en vez de hacerlo a técnicos que cobran caro. Para emergencias complicadas, pídeles que te recomienden a alguien de reputación. También puedes aprender a buscar tus propios expertos en la guía telefónica o en el Internet. Contacta por lo menos a tres expertos y a cada uno de ellos pídele estimado. Asegúrate también de preguntarle al experto si tiene licencia del estado y cuántos años de experiencia tiene.

Corta el césped tú mismo. Si tienes hijos adolescentes en casa, pídeles a ellos que lo corten como parte de su contribución al hogar. Te ahorrarás el dinero que le pagas a un jardinero y les enseñarás responsabilidad económica a tus hijos.

Casa grande, esfuerzo grande. Si tus hijos ya no viven contigo, estás cansada de limpiar y arreglar una casa grande, considera venderla para comprar otra más pequeña y económica. También piensa en la posibilidad de comprar un condominio y ahorrarte dinero – a largo plazo – en mantenimiento y servicios. Asegúrate sin embargo que el condominio esté bien localizado en una comunidad agradable y administrada por una asociación de dueños responsable y progresiva. Asesórate de un buen agente de bienes raíces.

Y si por cualquier razón vender tu casa no es una opción, considera rentar un cuarto a alguna persona responsable o algún familiar. Mi amiga Alicia, al divorciarse, como parte de distribución de bienes se quedó con la casa. Sin embargo, los pagos de su hipoteca aumentaron cuando sacó una línea de crédito para pagarle a su ex esposo la parte que a él le correspondía. Económicamente no le convenía vender su casa, pero sabía que si no hacía nada corría el riesgo de perderla. Afortunadamente, una prima que pasaba por una condición económica similar le sugirió que le rentara una habitación y las dos se beneficiaron mutuamente.

Renta el garaje. Si tu casa es pequeña y no hay cuarto para alquilar, renta el garaje a alguien que necesite estacionar su carro o espacio para guardar trastos. Ten precaución de respetar los reglamentos de la ciudad donde vives, no permitas almacenar cosas ilegales o substancias nocivas. También es conveniente que el seguro de la otra persona cubra cualquier casualidad sin que tú seas responsable.

Estrategias para inquilinos

Compra casa. Si eres inquilino, considera comprar tu casa, sobre todo si ganas más de $50,000 dólares al año y no tienes dependientes. Al comprar casa, los intereses que pagas al banco sobre tu préstamo hipotecario son deducibles de impuestos y al final del año a lo mejor recibes un cheque de reembolso del gobierno federal (en los Estados Unidos). Además estarás haciendo una inversión a largo plazo y al pagar tu hipoteca mes por mes aumentarás la plusvalía de tu casa.

Te conviene hablar con un agente de bienes raíces con experiencia para que te dé ideas de cómo comprar. No te dé miedo precalificarte para un préstamo hipotecario; tal vez estés más lista para que te aprueben de lo que tú piensas. Hay otras ventajas y protecciones que te confiere la ley como dueño de casa. Para más información sobre estas ventajas y protecciones, pregúntale a tu agente, a tu banco o a tu asesor.

Compra un condominio. Si quieres disfrutar de las ventajas económicas y fiscales de ser dueño de bienes raíces, pero no tienes suficiente dinero para comprar una casa, a lo mejor adquirir un condominio sea lo adecuado para ti. Tendrás todas las protecciones legales que disfrutan los dueños de casa y a medida que vayas haciendo los pagos de tu hipoteca, la plusvalía de tu propiedad irá aumentando. Los inquilinos no tienen estas ventajas. Una restricción que tienen los condominios es que los codueños tienen que ceñirse a las reglas de la asociación de dueños pero estas reglas protegen tu inversión. Pídele a tu agente de bienes raíces que te muestre algunos condominios.

Busca estímulos del gobierno. Al imprimirse este libro (2009), el gobierno federal de los Estados Unidos ofrecía un descuento provisional de hasta $8,000 dólares en el impuesto a la renta, como estímulo económico (Housing Stimulus) para primeros compradores de vivienda (aquellos que no han sido dueños por tres años o más). http://www.nahb.org/page Varios congresistas habían propuesto alargar la vigencia para este estímulo. Averigua si todavía hay estímulos similares para que los aproveches.

Opción para familia pequeña. Si no son muchos en tu familia, tal vez te convenga mudarte a una casa o apartamento más pequeño y pagar menos. Para darle más impulso al efecto de este beneficio, deposita el dinero que te ahorras religiosamente en una cuenta de ahorros.

¿Qué tal si el dueño te baja la renta? Ya sea que vivas en departamento o casa, proponle al dueño que te reduzca la renta a cambio de hacerle tú el mantenimiento. Ofrécete a hacer cosas rutinarias que harías como dueño de casa: cortar el césped, sacar la basura, barrer y limpiar el área en común.

No pagues seguro de inquilinos. A menos que tengas computadoras caras, aparatos electrónicos exclusivos y electrodomésticos de alto valor, no te conviene comprar pólizas contra robo para inquilinos. Los expertos en seguridad dicen que los ladrones se llevan lo que pueden cargar fácil y rápidamente en dos manos. Si vives en una zona donde tiende a haber incendios o inundaciones, tal vez te convenga protegerte contra una de estas eventualidades, aunque el costo de una póliza en una zona de alto riesgo te saldría costando un ojo de la cara. La mejor protección es no vivir en sitios peligrosos.

Haz esto cuando desocupes tu vivienda. Cuando te mudes a otro lugar, para que te devuelvan tu depósito completo (en muchos lugares exigen más de $1,000 dólares al firmar el contrato), limpia la casa o apartamento por tu cuenta. Pinta las partes descoloridas y manda lavar la alfombra económicamente si se ve muy percudida. Insiste que el manejador o dueño de la propiedad haga la inspección del inmueble vacío en tu presencia para asegurarte que no te van a cobrar por daños o limpiezas ficticias. Pide que te den una copia firmada del informe de inspección y exige que te devuelvan el depósito prontamente.

4. COMO PAGAR MENOS EN SERVICIOS

Existen muchas maneras de pagar menos dinero en las cuentas de servicios públicos como el agua, la electricidad y el gas. Como en la gran mayoría de los casos, para ahorrar en grande es necesario hacer muchos ahorros pequeños. Aquí van varias sugerencias agrupadas por categoría.

Cómo economizar agua y ayudar al prójimo

A medida que aumenta la población mundial y más países se industrializan, el agua potable comienza a escasear y aumenta de precio. Lamentablemente, muchos de nosotros nos acostumbramos a desperdiciar agua cuando era "barata". Aún hoy día, muchos inquilinos no pagan por agua (aunque sí pagan por gas y electricidad). Tenemos que cambiar nuestra mala costumbre de despilfarrar este precioso líquido. Propongámonos economizar agua no sólo para ahorrar dinero sino para también proteger al medio ambiente.

Reduce el flujo de agua sin bajar la presión. Por el baño corre el 60% del agua que usas en tu casa y el 27% de ésta se va por el excusado. Instala sistemas de bajo flujo (*low flow)* en el excusado, en el vertedero para las manos y en la ducha. Estos sistemas están diseñados para disminuir el flujo de agua sin bajar la presión. Los venden en las ferreterías o almacenes de descuento y vienen con instrucciones para fácil instalación.

Tanque del excusado. Si tu casa fue construida antes de 1982, probablemente tiene tanques de agua con capacidad de 5 a 7 galones, los cuales se sueltan cada vez que alguien hala la palanca. Hay unos tanques modernos certificados por la Agencia de Protección Ambiental *(Environmental Protection Agency* -EPA), llamados *"water sense"* de alta eficiencia que sólo usan 1.6 galones a alta presión cada vez que se suelta el agua. Cambia tu tanque viejo por uno más reciente para ahorrar agua y dinero, y proteger al medio ambiente.

Mientras haces este cambio, si tu tanque actual es de los que tienen varilla con flotador, también puedes doblarla hacia abajo para que el flotador interrumpa el flujo de agua más pronto al llegar a un nivel más bajo. Te vas a ahorrar miles de galones de agua al año y mucho dinero.

Toma duchas, no baños. Toma duchas en la regadera en lugar de baños en la tina, así gastarás menos agua y economizarás dinero.

¿Te han hablado de duchas rápidas? Y ahora que tienes regadera de flujo bajo, toma duchas rápidas de 5 minutos. El lavarse bien es cuestión de técnica, no de tiempo. Algo más, las regaderas de flujo bajo tienen un botón en la parte de arriba para cerrar el agua sin cambiar la temperatura de ésta. Ideal para que cierres el agua mientras te enjabonas.

Tapa la bañera. Si todavía insistes en tomar baños, cuando estés llenando la tina no dejes el desagüe destapado mientras ajustas la temperatura del agua. Aunque el agua esté fría al abrir la llave, comienza a llenar la tina porque ajustarás la temperatura rápidamente sin desperdiciar nada de agua.

Cepillarse los dientes sin derroche. Insiste que tu familia cierre el agua mientras se cepillen los dientes. Enseña sobre todo a los niños, diles que sólo tienes dinero para pagar el agua o para comprarles golosinas, pero no para ambas. Con el chorro de agua que se va por la alcantarilla se van tus dólares. No dejes correr el agua sin necesidad.

Doble ahorro. Cierra el agua también mientras enjabonas los platos cuando los lavas. Si los lavas a mano, unta unas gotas de detergente de espuma en la esponja de lavar. Cierra el agua y refriega los platos con la esponja enjabonada. El detergente de espuma dura y rinde más que el detergente sin espuma. Después enjuaga con agua y listo. Notarás que la loza te queda más limpia con menos esfuerzo.

Usa la misma técnica de mojar, cerrar el agua y enjabonar cuando te laves las manos o limpies el piso – enjuagando después. No dejes correr el agua inútilmente. De esta forma estarás ahorrando agua y gas natural.

Usa tu nevera para descongelar. Descongela alimentos congelados pasándolos del congelador a la nevera la noche anterior. No utilices el agua de la llave para descongelar, porque el desperdicio de agua es mayúsculo al dejarla correr y correr. También así evitarás contaminación bacterial. Planea mejor tu tiempo y vive mejor tu vida; es malo andar tan de prisa como para tener que apresurar el proceso de descongelación.

No botes el agua caliente. Si te sobra agua limpia hirviendo, como después de hervir huevos, por ejemplo, déjala que se enfríe y luego úsala para regar tus plantas. Igualmente, si abres la llave del agua caliente, pon un recipiente debajo de la llave mientras el agua empieza a salir caliente, para no tirar agua buena y limpia. Esta agua también la puedes usar para regar plantas.

Escapes de agua. Paséate por tu casa y revisa las llaves y tuberías para asegurarte que no haya escapes de agua. Cada goteo desperdicia unos 2,700 galones al año. Muchos centavitos perdidos se convierten en muchos dólares despilfarrados.

No la riegues. Riega el césped y plantas temprano por la mañana o bien por la tarde, para evitar que el calor evapore el agua. Si el agua es absorbida por la tierra en lugar de evaporarse al aire, favorecerá tu césped y plantas al contribuir al desarrollo de raíces profundas. Tampoco riegues tus plantas cuando está soplando el viento porque agua que se lleva el viento es como plata que se lleva el viento. Sigue estas indicaciones y tu casa estará verde y agradable, y tú con dinero en el bolsillo.

Regadoras automatizadas. Si haz instalado un sistema automático para regar tu jardín, añádele un sensor de humedad que apague el sistema en los días de lluvia. Riega tus plantas sólo cuando lo necesitan, no te fíes siempre de un reloj.

Combina diversión con regadío. Durante el verano, cuando pones deslizaderas de agua en el césped para diversión de los niños, no hay necesidad entonces de activar las regadoras en ese sector durante la tarde.

Diseña tu jardín. Planta en tu jardín plantas y pastos nativos a la ecología del sitio donde vives. No vale la pena usar pastos importados que son foráneos a tu ecología. Así economizarás en gastos de jardinería, agua y fumigación. El dinero que te ahorres estará mejor invertido en tu fondo de retiro.

Cubre tu piscina. Para reducir la evaporación y mantener la temperatura del agua, cubre tu piscina cuando no la uses.

Ahorra electricidad, que cuesta mucho producirla.

Una familia gasta en promedio $1,900 dólares al año (datos del 2007 del Departamento de Energía de Estados Unidos) en energía, y hay mucho que tú puedes contribuir para reducir ese gasto. Al economizar en electricidad, no sólo estás ahorrando dinero sino también protegiendo el planeta donde vives. En la casa, al conectar electrodomésticos al enchufe en la pared, no se ve la polución, donde se ve esa contaminación es en la planta generadora de electricidad. Más de la mitad de la electricidad se produce quemando carbón y un 20% se produce en plantas nucleares. Estos dos combustibles causan serios problemas de contaminación ambiental, según el Departamento de Energía de los Estados Unidos.

Apaga las luces. Acostúmbrate y acostumbra a tu familia a apagar las luces cuando salen de una habitación. No les des sermones a los tuyos que al fin y al cabo no escuchan, muéstrales mejor la cuenta de electricidad, diciéndoles que si no ahorran, no habrá dinero para salir al parque de diversiones. Abre cortinas para que entre la luz del sol y caliente la habitación, en lugar de prender el calentador durante el invierno. Al tener las luces encendidas sin necesidad, aumentará el costo de energía y los dólares se escaparán de tu bolsillo.

Luminosidad fluorescente. Ahorra energía y por consiguiente dinero instalando en tu casa bombillos fluorescentes en lugar de bombillos incandescentes. Se requieren sólo 10 vatios fluorescentes para producir los mismos lúmenes que 60 vatios incandescentes. La incandescencia requiere mucha energía (90%) para calentar al rojo-blanco un filamento metálico y producir luz, así que también gastarás menos en aire acondicionado porque la fluorescencia no produce tanto calor. El gas fluorescente demora uno o dos segundos en adquirir su brillantez, pero una vez prendido produce igual o más luminosidad que un filamento incandescente. Los bombillos fluorescentes duran unas 15 veces más que los incandescentes. Una vez que expiren, sin embargo, asegúrate de no tirarlos a la basura común sino desecharlos con los productos nocivos (baterías, líquidos corrosivos) porque si se rompe el empaque de vidrio, el gas que se escapa puede ser nocivo.

Economiza manteniendo la temperatura constante. Mantén el termostato a una temperatura constante y cómoda, en lugar de estar prendiendo y apagando cada vez que alguien se queja de frío o de calor. Es mejor mantener la temperatura a unos 60° F (16° C) y abrir las cortinas y abrigarse si alguien siente frío, que aumentar la llama del calentador, lo cual reseca el medio ambiente, aja la piel, deshidrata las fosas nasales, consume más gas y cuesta más dinero. Establece consenso con los tuyos y luego no cambies.

Cambia los filtros. Si tienes un calentador de ambiente central que use soplador de aire o un sistema central de acondicionamiento de aire, tienes que cambiar los filtros de aire cuando los veas sucios. Los filtros sucios contribuyen a que sople aire sucio en tu casa, y hacen que el compresor trabaje más de lo que debe y que el sistema se dañe con más frecuencia. Estos filtros se encuentran en la parte central que contiene el soplador o en las rejillas por donde sale el aire. Los puedes comprar en las ferreterías donde venden materiales de construcción y cuestan menos de $10 dólares.

Si eres inquilino, es tu responsabilidad comprar filtros para mantener los sistemas de aire y calefacción. No llames al dueño a menos que en realidad haya un desperfecto. Muchos dueños aumentan la renta si los llaman frecuentemente.

Mantén tu acondicionador de aire limpio. Afuera de tu casa, donde está la bomba de calor para el acondicionador de aire, asegúrate que no haya obstrucciones (basura o arbustos) que impidan la circulación de aire alrededor de esta bomba. También asegúrate que el tubo plástico de desagüe que saca la humedad que se condensa en el soplador no esté tapado. Este tubo tiene que gotear afuera cuando el acondicionador de aire está funcionando.

Lavadora llena. Ya sea la máquina lava-platos o la de la ropa, acostúmbrate a operarlas cuando esten llenas. Las lavadoras modernas están diseñadas para economizar agua durante su uso (gastan menos agua que lavando a mano).

Secadora de energía solar. Instala líneas en el patio para tender tu ropa a secar durante los meses de verano. El aire la va a refrescar y el sol hará que tus sábanas se vean más blancas. Durante el invierno tiende tu ropa a secar adentro. La humedad de la ropa contrarrestará el aire seco del calentador. Considera comprar un tiende-ropas portátil que pueda doblarse y guardarse cuando no lo uses. Ten cuidado de no ponerlo donde puedas tropezarte ni donde cause riesgo de incendio cerca de alguna llama.

Ajusta el termostato del calentador de agua. Ponlo entre 120° y 130° F (49° a 54° C). Esta temperatura es adecuada para los usos caseros y también protege contra quemaduras accidentales, sobre todo si tienes niños pequeños o adultos distraídos en la casa. Si eres inquilino, pídele al administrador que haga este ajuste y dile porqué.

Ajusta el reloj de control (*timer*). Si tienes un calentador de agua eléctrico, ajusta el control de tiempo para que apague el calentador por la noche y lo prenda por la mañana. También apágalo durante el día cuando no haya nadie en la casa y durante aquellos días que salgas de vacaciones.

Qué hacer con el calentador viejito. Si tienes un calentador de agua eléctrico viejito, cúbrelo con una manta de material aislante para que mantenga mejor el calor; estas mantas aisladoras las venden en los almacenes de materiales y herramientas. También se puede cubrir el calentador de gas, pero asegúrate que dejes al descubierto el tope y la parte de abajo por donde sale la llama. Asimismo cubre las tuberías que salen del calentador.

Sólo uno para no derrochar. Insiste en tener un televisor en la sala para toda la familia, en vez de tener uno en cada alcoba. Un televisor de 19" gasta entre 55 y 90 vatios de electricidad. Si cada uno de tus hijos tiene uno ¿cuánto desperdiciarás en energía? y de paso estás acostumbrando mal a tus hijos. Con uno solo, te ahorrarás dinero al no comprar otros televisores y al no tenerlos encendidos todos a la vez. Los educadores aconsejan que los niños no vean tanta tele, para mantener sus mentes ágiles; es mejor que lean libros.

Ventiladores de techo. El sistema de aire acondicionado consume la mayor porción de energía eléctrica (el 16%) en una casa común y corriente. Para controlar la temperatura de tu casa en los cálidos meses de verano, instala ventiladores de techo porque así disminuirás el consumo de energía de tu vivienda. El sistema central de aire acondicionado usa 3,000 vatios por hora, mientras que el ventilador de techo usa sólo 75 por hora y hace sentir la temperatura unos 10° más baja. Elije un ventilador de techo del tamaño adecuado a la habitación donde se va a utilizar. Un ventilador de 36"/48"/52" usa respectivamente 55/75/90 vatios. Economizas energía y no malbaratas la plata.

Frío pero no tanto. Mantén el refrigerador entre 36° y 40° Fahrenheit (2° a 4° Celsius) lo cual es suficiente para mantener las frutas y verduras frescas por siete días. Tu congelador debe estar entre 0° y -5° Fahrenheit (-17° a -10° Celsius). Un refrigerador que esté a 10° menos de lo recomendado va a costar 25% más en costos de energía para enfriar.

Muy lleno no es tan bueno. No atiborres el refrigerador de víveres porque entonces el aire no puede circular libremente dentro de tu refrigerador para mantener fríos tus productos. Al no circular el aire, tu compresor trabaja más y gastará más energía al tratar de enfriarse.

No abras sin necesidad. Para ahorrar energía enseña a tu familia a no abrir la puerta del refrigerador sin necesidad. Dales la instrucción de que antes de abrir piensen lo que van a sacar. Según el Departamento de Energía de los Estados Unidos, se calcula que el abrir la puerta 36 veces por día consume un 7% más electricidad. Y se desperdicia aún más energía si alguien deja la puerta abierta por largo rato. ¿Para qué desperdiciar energía y dinero?

Cada cosa en su lugar. Acostúmbrate a guardar los víveres siempre en el mismo lugar. De esa manera, cuando abras el refrigerador ya sabrás de antemano donde guardas cada alimento y no mantendrás la puerta abierta más de lo necesario.

Acerca del gas natural y el propano.

El gas, cuando se usa eficientemente, es uno de los combustibles caseros más económicos, ya sea gas natural o gas propano. Si te lo propones, tú puedes rebajar drásticamente la cuenta de este combustible. El gas natural es el combustible más económico, aún más que el propano. Por lo general, en cuanto se refiere a operabilidad en aparatos de calefacción o enfriamiento, no hay diferencia entre el gas propano, llamado también gas de petróleo líquido (LPG) y el gas natural. Sin embargo, cuando instales un aparato que funcione con gas, tienes que leer cuidadosamente las instrucciones del fabricante. Puesto que la compresibilidad del propano es diferente de la del gas natural, los aparatos que funcionan a gas tienen orificios de salida de gas de diferente tamaño, según usen propano o gas natural. Ten mucho cuidado con este detalle. Si no te sientes segura es mejor que consultes con un plomero certificado.

Entre más fría mejor. Me refiero al agua de la ducha. Para economizar en gas, acostúmbrate y acostumbra a tu familia a ducharse con agua tibia en vez de agua caliente. Después de ducharse, deja las puertas del baño abiertas para que el aire húmedo circule a otros cuartos de la casa. Ya sé lo que vas a decir, que esta técnica funciona también para los calentadores de agua eléctricos; tienes razón.

Rellena y sella. Rellena las grietas que veas en las paredes, piso o techo de tu casa para estabilizar mejor la temperatura de adentro. Haz lo mismo con las grietas que veas por fuera de la casa. Instala burletes (*weather stripping,* una tira de material flexible), alrededor de las ventanas y puertas de la casa para tapar las rendijas y evitar escapes de frescura o calor. De acuerdo con el Departamento de Energía, puedes ahorrarte hasta un 10% en gastos de energía eliminando escapes en tu casa.

Invierte en un termostato programable. Es muy buena idea instalar en casa un termostato programable para variar la temperatura según te convenga.

Controla el termostato. A menos que haya un enfermo en casa u otra razón necesaria para aumentar la temperatura, la gran mayoría de las personas puede vivir cómodamente a una temperatura de 68° F (20° C) durante el día en los meses de invierno y 60° (16° C) durante la noche. Economizas energía y dinero al bajar la temperatura cuando nadie está en casa o por la noche cuando todos duermen. En época de verano sube el termostato a 78° F (26° C) durante el día. En días cálidos, sólo tienes que programar tu termostato para enfriar durante un periodo del día, al caer la tarde y empezar la noche, cuando empieza a llegar la gente a la casa.

Enfatizamos aquí que una vez que programes horarios y temperaturas, no dejes que *nadie* toque el termostato para que no estén prendiendo y apagando el sistema de gas.

Abre y cierra. En tiempo de calor, abre las ventanas por la mañana para que entre el fresco. Ciérralas a media mañana junto con las cortinas para que quede atrapado el aire fresco de la mañana. En tiempo de frío, abre todas las cortinas al medio día para que entren los rayos solares y se mantenga la casa calientita.

Abrigos. El secreto de conservar energía en casa es mantener la temperatura constante adentro. Por ejemplo, en lugar de subir la temperatura en tiempo de frío, motiva a tu familia a mantener la temperatura de su cuerpo tomando bebidas calientes y a cubrirse con frazadas mientras ven televisión. Es una manera fácil de economizar dinero.

Economías con teléfonos tradicionales

Recientemente el gobierno de este país abrogó los controles sobre las compañías telefónicas y estas aprovecharon para inventar maneras de cobrarle más al cliente. Te habrás fijado que tu cuenta de teléfono ha aumentado porque la compañía ahora te cobra "servicios" por separado: línea residencial, plan metropolitano, identificación de llamadas, transferencia de llamadas, bloqueo de llamadas, llamadas en espera, llamadas de conferencia, marcación repetida de llamadas, etc. Fuera de eso, las compañías son también muy ingeniosas en sus métodos de definir lo que es "larga distancia," y el resultado de todo esto es un asalto a tu billetera, sobre todo si haces llamadas internacionales. Aprende entonces a defenderte para detener el desangre económico. Acuérdate que tú tienes control. ¡Ejércelo!

Marca el número tú misma. No llames a la operadora para que te marque el número de teléfono. Es muy fácil hacer llamadas directas marcando el 1 + el Código de Área + el número. Este es el método más económico de hacer llamadas.

Usa el directorio telefónico. Si no sabes el número donde quieres llamar, busca primero en el directorio telefónico o en Internet, antes de llamar al servicio de información telefónica. Las compañías te cobran un cargo por llamar a información (hasta $2 dólares por llamada). Y si te da pereza y llamas a información, no aceptes la oferta que la operadora marque el número porque te va a costar caro. Tú, al menos, puedes marcar el número para ahorrarte dinero ¿cierto?

Si te ayuda una operadora. En raras ocasiones es necesario llamar de "persona a persona" por intermedio de una operadora, pero estas son las llamadas más caras. La única ventaja que tienen es que si no encuentras a la persona, la compañía no te cobra por la llamada.

Llamadas con tarjeta. En algunas ocasiones, por ejemplo si estás viajando y no llevas tu teléfono inalámbrico contigo, tal vez entonces te convenga comprar una tarjeta para llamar en lugar de utilizar los servicios de una operadora. La tarjeta viene con varios minutos prepagados. Vas a tener que marcar una serie de números antes de que te den línea para llamar. Con estas tarjetas te economizas algunos centavos, pero no mucho dinero.

Teléfono de casa. Si llevas contigo tu teléfono celular y además todavía tienes teléfono tradicional en tu casa, analiza las llamadas que haces y que recibes en tu aparato tradicional. En caso que no lo uses con mucha frecuencia, tal vez sea hora de decirle adiós.

Simplifica el servicio. Elimina servicios extras que las compañías de teléfono tratan de vender en paquetes. Tales como llamadas de conferencia entre tres números, tono que alerta que está entrando otra llamada mientras estás hablando, llamadas por cobrar, y otros. En lugar de comprarte todo un paquete, sólo selecciona los servicios necesarios. Busca los planes que ofrecen diferentes compañías. Hay compañías que venden servicios uno por uno. No te dejes seducir por "precios especiales" por "noventa días," están buscando hacerte zancadilla.

Llama cuando es más barato. Si haces muchas llamadas de larga distancia, programa tus llamadas para el fin de semana o en la tarde después de la hora pico. Muchas compañías ofrecen planes que incluyen llamadas gratis los fines de semana y entre teléfonos que tengan el mismo plan los días laborales.

Telefonía por Internet. Si tienes servicio de banda ancha *"broadband"* ya sea cable o Internet DSL, puedes conectar tu teléfono tradicional a un servicio de telefonía digital por medio del Internet. Este servicio es mucho más económico que las líneas telefónicas tradicionales porque no diferencian entre llamadas locales y de larga distancia. Puedes ahorrarte mucho dinero. Compara servicios de telefonía en www.consumervoipreview.com.

Estrategias para economizar con tu teléfono celular

Los teléfonos celulares (inalámbricos) han revolucionado las comunicaciones de tal manera que, en esta vida moderna, si no tienes celular eres considerado un dinosaurio. ¿Qué hacíamos antes de la invención del celular? Parece que además de la utilidad de usar dicho teléfono, la gente lo usa también para estar más a la moda. Hay expertos que aseguran que se ha generado una adicción al teléfono celular

Advertencia general. Expertos en salud de varios países mencionan la probabilidad que los teléfonos celulares son peligrosos para la salud. Estos teléfonos son básicamente transmisores de señales electromagnéticas que usan una frecuencia para hablar y otra para escuchar, y por consiguiente traen cierto riesgo al ponérselos en el oído muy cerca del cerebro. La Organización Mundial de la Salud y los gobiernos de varios paises urgen a los padres no permitir que sus hijos pequeños usen teléfonos celulares.

Protégete. Para protegerte de los riesgos de transmisiones electromagnéticas a dos centímetros de tu cerebro, cómprate un filtro protector contra estas radiaciones, diseñado específicamente para teléfonos celulares.

Comienza bien. Si estás tratando de seleccionar un teléfono celular por primera vez, tómate el trabajo de averiguar qué servicios ofrecen las compañías y los precios que cobran. Antes de llamar a una compañía, habla con otras personas que ya tengan servicio celular para que te cuenten sus experiencias, buenas y malas. No te dejes deslumbrar por promesas de vendedores. Considera la calidad del aparato que quieres comprar y asegúrate que esté respaldado por una buena garantía y que ofrezcan modelos en el color y con las conveniencias que tú quieres. Por lo general, te van a dar un buen precio por mes si firmas un contrato por uno o dos años. No te comprometas más de la cuenta, firma el plan más económico por el mínimo tiempo necesario.

Opción con aparato económico Si por economía has escogido un aparato reconstruido o usado, cerciórate que tiene sus claves electrónicas abiertas al libre uso, un buen plan de servicio y mantenimiento. Aunque estos aparatos te los dan a muy bajo precio o gratis, es imprescindible que compares los precios de los planes de servicio que ofrecen con aparatos nuevos. Pídele al vendedor que te haga las comparaciones.

Simplifica, simplifica. Si en realidad quieres economizar y no te importa no estar a la moda, escoge sólo lo esencial, que es el servicio telefónico. No necesitas un teléfono que tome fotografías, toque música, tenga juegos de video, envíe mensajes de texto, ni que te comunique con el Internet. Estas opciones, aunque populares, salen bastante caras. Para tales opciones electrónicas, te sale más barato meterte al Internet desde tu computadora en casa, o mejor aún, desde la biblioteca pública, donde te sale gratis.

Hay servicio sin contrato. Si no quieres comprometerte a firmar contrato ni quieres que te investiguen el crédito, entonces elige un plan con minutos prepagados. Hay muchas compañías que ofrecen este servicio. Insiste, el que busca encuentra. Cuando se te acaben los minutos, simplemente pagas por más minutos.

Cuida los minutos. En la mayoría de los planes te dan a escoger cierto número de minutos por mes si llamas durante las horas pico, generalmente las horas laborales. Mientras más minutos uses, más te cuesta el servicio. Casi todos los planes te permiten llamadas gratis desde tu celular durante las horas de la noche y los fines de semana. Mide bien tus llamadas para monitorear los minutos utilizados. No te excedas ni permitas que tu familia lo haga. Las compañías de teléfonos cobran hasta 45 centavos extra por minuto (2008). Cien minutos de más por mes y tu cobro aumenta $45 dólares más.

Habla sin preocupaciones. Si es posible, compra un plan con minutos ilimitados. Por lo general estos planes los ofrecen compañías que también venden servicio de Internet. Busca y encontrarás.

Combina con tu teléfono tradicional. Si es que todavía tienes teléfono tradicional (línea terrestre), úsalo para escuchar tus mensajes de la línea celular. Los teléfonos celulares salen más caros por minuto y los mensajes que te deja la gente pueden ser largos.

Una familia unida habla mejor. Si tu familia es numerosa y si la llamas con frecuencia, convénce a tu papá, mamá, hermanos, hermanas, que usen la misma compañía. La gran mayoría de compañías no te cobran por hacer llamadas de celular a celular dentro de la misma red.

Plan familiar. Si varias personas en tu familia usan teléfono celular, investiga el mejor plan familiar y combina los minutos para toda la familia.

Practica esos mensajes. Si frecuentemente dejas mensajes en otros teléfonos, practica tu mensaje antes de marcar. Sé precisa y vete al grano de lo que quieres decir. Recuerda el quién, cómo, cuándo, dónde y porqué de la situación; palabras breves, ahorros grandes.

Buena etiqueta y buena cortesía. El uso de teléfonos celulares está prohibido en varias escuelas y universidades. Su uso está restringido en vehículos de transporte público y hospitales. Otros lugares, como restaurantes o clubes piden que los usuarios utilicen lenguaje cortés a volumen moderado para no molestar a los demás.

Consideraciones de seguridad. De acuerdo con los resultados de una encuesta del Consejo para la Investigación de Seguros (*Insurance Research Council*), el 91% de los americanos cree que manejar un vehículo mientras se habla por teléfono celular es un problema de seguridad serio. Acuérdate que, mientras manejas, tú tienes la responsabilidad de proteger tu vida, la de tus pasajeros, la de los peatones y otros. No te arriesgues a tener un accidente, mantén ambas manos en el timón mientras manejas, o si no, no hables por teléfono mientras manejas. Si manejas de un estado a otro, respeta las leyes locales. En algunos estados de los Estados Unidos y en algunas provincias del Canada, prohíben al chofer el uso de teléfonos celulares mientras el vehículo está en marcha.

5. COMO ECONOMIZAR EN VÍVERES Y PROVISIONES

La comida no solamente alimenta el cuerpo sino también tiene otra función fundamental: nos mantiene unidos como familia. Por lo mismo puede ser una razón por la cual gastamos más en ella de lo que debiéramos. Cuando te veas tentada a comprar más de la cuenta, recuerda que para incrementar tus ahorros es necesario hacer contar cada dólar. Si escogiste este capítulo para comenzar tu plan de riqueza personal, ten presente que los hábitos se forman cuando una tarea se repite frecuentemente. Así que trata de seguir por lo menos cinco de los pasos siguientes cada vez que salgas al mercado.

Ten muy presente que economizar en víveres no significa que vas a ser tacaña ni contigo ni con tu familia, ni vas a hacerle pasar hambre a nadie. Vas a seguir comiendo muy bien, con la ventaja que te va a quedar más dinero y comprarás mejor tus víveres para no desperdiciar comida. ¿No te da dolor tirar a la basura cosas que se han echado a perder?

Si sientes que flaqueas y necesitas un aliciente para seguir esta rutina, anota en tu libreta de apuntes la cantidad que ahorraste la primera semana y en qué invertiste ese dinero ahorrado. De esa manera te mantendrás motivada a buscar diferentes formas de aumentar tus economías hasta que ahorrar se convierta en un hábito automático. Así que adelante con estirar y hacer crecer tu dinero. Paso a paso se anda lejos y centavo a centavo se hacen las fortunas.

Aquí te propongo algunas buenas sugerencias para

economizar y salvaguardar la salud de tu familia. Si alguna de las ideas no es de tu agrado, trátala cuando menos una vez. De esa forma podrás decir "ya lo hice y no me gustó".

Planea el menú de toda la semana. El secreto es comenzar hoy para comenzar tus ahorros desde ya. Antes de salir de compras, revisa tu alacena y determina qué vas a preparar cada día de la semana. De esa forma te será más fácil hacer las compras y buscar ofertas especiales en los víveres que necesitas. Cuando planees el menú, incluye recetas en las cuales puedas preparar platillos con ingredientes económicos. Pregúntales a los de tu familia sus predilecciones y así podrás hacer mejor tu lista de ingredientes. Economizarás dinero y tendrás menos problemas.

Compra cada semana. Compra provisiones por lo menos una vez por semana. De esa forma las frutas y verduras no se pudrirán y las carnes se mantendrán más frescas.

Escribe una lista completa. Lleva siempre una lista de todo lo que necesitas comprar y no te dejes llevar por la tentación de comprar cosas que no aparezcan en la lista, a menos que estén en oferta especial y sean cosas de uso frecuente que puedas guardar sin que se dañen. Además, evitarás comprar comida de sobra que probablemente ya tienes en casa. Antes de implementar este programa, yo no me fijaba en lo que ya tenía y terminaba botando cosas a la basura. ¡Qué desperdicio!

Calculadora en mano. Lleva siempre en tu bolsa una calculadora barata para que lleves bien la cuenta y no te pases del presupuesto de la semana. Si ves que la cuenta va más alta de tu presupuesto, considera comprar un poco menos de lo que cuesta más caro. Por ejemplo, en lugar de comprar dos libras de carne de res, sólo lleva una y una libra de piernas de pollo, son más económicas que la pechuga.

Compra sin hambre. Nunca salgas de compras al supermercado cuando tengas hambre. El hambre es mala consejera porque te hace comprar cosas que no necesitas. Limítate a echar al carrito únicamente lo que está en la lista. Claro que está bien que de vez en cuando adquieras algo que no aparezca en el listado.

Sal de compras sola. Cuando salgas de compras procura ir sola. Si llevas a los niños, ellos siempre se las arreglan para que les compres golosinas y juguetes que no están en el presupuesto. Tú terminarás gastando más y ellos se acostumbrarán a pedigüeños de chucherías.

Escoge tiendas favoritas. Recorre el área cerca de donde vives y selecciona tres tiendas que vendan víveres. Incluye, si es posible, una tienda grande de descuentos. La primera vez, recórrelas de punta a punta hasta que te familiarices con los precios y los descuentos que ofrecen. El conocer así tres tiendas, te hará más fácil planear tu estrategia de compras. Evita comprar en tiendas pequeñas porque tienden a tener precios más altos.

Familiarízate con los descuentos. Cada tienda ofrece descuentos en diferentes productos. Observa con atención cuáles y cuándo son los descuentos en cada tienda. Compra productos cuando estén en especial. Antes de salir del supermercado, revisa tu recibo para asegurarte que sí te hicieron los descuentos y que todo está correcto.

Sal de compras con conveniencia. Si te lo permite tu horario, sal de compras cuando no haya mucha gente en las tiendas. De esa forma podrás entrar y salir más rápido y te dará tiempo para ir a las otras tiendas ese día.

Cupones de descuento. Usálos sobre todo si compras en almacenes que doblan el descuento de los cupones. Los encuentras en los periódicos, principalmente los domingos, cuando por lo regular hay toda una sección con cupones de descuento. Aunque el periódico dominguero es más caro que el de otros días, vale la pena comprarlo por los descuentos, sobre todo si también necesitas comprar ropa, electrodomésticos u otros enseres caseros.

Si quieres ahorrar en forma constante, mantén una lista de las cosas que se te van acabando para ser selectiva en la busca de tus cupones. Eso hago yo, más que todo para evitar comprar cosas que no necesito sólo porque están en descuento. Así recortarás únicamente los cupones que necesitas.

Compra en ofertas especiales. Cuando veas productos enlatados o congelados de calidad en oferta especial, y si estos son productos que usas regularmente, compra lo más que tu presupuesto te permita. Así vas a tener una reserva, a precios bajos, de productos que necesitas. Asegúrate de examinar cuidadosamente que las latas de alimentos no estén abolladas ni infladas.

Compra la marca del lugar. Cada supermercado tiene su marca particular, los productos con esta marca se venden a precios más económicos que los de marca conocida. Procura entonces comprar la marca de la tienda. Estos productos los compran los supermercados al mismo fabricante que manufactura los productos de renombre. Supuestamente son de idéntica calidad en diferente empaque. En caso de duda, compra una cantidad pequeña del producto a ver si te gusta. La vida es muy corta para comprar lo que no te guste.

Compra en paquetes para familias grandes. La gran mayoría de las tiendas ofrecen comida empaquetada en cantidad más grande y a precio más económico. Con tu calculadora determina si el precio que ofrecen es más bajo por cantidad. Esta es una buena forma de abastecer tu alacena económicamente.

Divide porciones. Para economizar, sea tu familia grande o pequeña, compra en cantidades grandes usando la siguiente estrategia: compra, por ejemplo, un paquete de camarones de seis libras en venta especial y divide todo el paquete en varias partes iguales. Una porción ponla en el refrigerador para cocinarla pronto; las otras almacenalas en bolsas de plástico resistente y guárdalas en el congelador para una próxima ocasión.

Controla las porciones. Adquiere el hábito de controlar las porciones al cocinar, sobre todo si a tu familia no le gusta comer las sobras del día anterior. Si después de intentar todavía te sobra comida preparada, guárdala en recipientes sellados y ponla en el congelador para complementar después otro platillo o recalentarla cuando te de pereza cocinar.

El pan de cada día. La gran mayoría de supermercados ofrece pan en venta especial. Por lo general es pan que hornean en su local, en cantidad moderada, que luego empacan en bolsas con el nombre del supermercado. Es pan excelente, sobre todo si es pan saludable como el pan hecho con trigo integral. Aprovecha estas ventas. No te dejes distraer por propagandas en los medios de comunicación anunciando marcas de panes más conocidas pero menos nutritivas y más caras.

Cereales al desayuno. Es bien sabido que el desayuno es la comida más importante del día. Desafortunadamente vivimos en una sociedad donde siempre andamos de prisa y no nos queda tiempo ni para desayunar. Salimos corriendo de la casa y medio bebemos un vaso de leche. Mala costumbre para los adultos y peor aún si dejamos que nuestros hijos se nutran mal por andar de prisa. Es muy importante saber comprarles buenos cereales a precios módicos. Que al menos tomen su leche con cereales nutritivos.

Compra cereales en bolsa. No pagues por una caja bonita. Tengo una amiga cuyos hijos no comen cereal si no es de cierta marca. Cuando se termina el cereal les dice a sus hijos que no tiren la caja para no olvidar el nombre del producto. Al hacer las compras se lleva la caja de marca y cuando sale del almacén simplemente pone la bolsa en la caja. Sus hijos ni cuenta se dan de la diferencia.

Compra cereales sin azúcar. Son más económicos y aparte les evitas caries dentales (y otras enfermedades) a tus hijos.

Cereales con pasas y nueces. Agrégalas tú misma al cereal. A largo plazo te saldrá más económico porque los fabricantes cobran más caro por añadir pasas y nueces a la caja de cereal. Además, tú puedes ingeniártelas para comprar varias variedades de éstas en descuento.

Ojo con los cereales a la carta. No acostumbres a tu familia a comprarles diferentes cereales de acuerdo al gusto de cada uno. Cuando les da hambre van comer lo que encuentren y si no, ya verás que no se dejan morir de a hambre. Rocío, mamá de cinco muchachos de diferentes edades, se quejaba que tenía que comprar a cada uno su marca preferida, de lo contrario no desayunaban antes de salir a la escuela. Cada vez que Rocío salía al mercado, terminaba pagando más de lo que su presupuesto le permitía hasta que decidió comprar una marca diferente cada semana. Hasta la fecha ninguno de sus muchachos se ha muerto de hambre y ella se ha ahorrado mucho dinero.

Cuidado con las golosinas. Evita comprarlas. Su costo es más elevado que el de los víveres. También piensa en salud, al no exponer a tu familia a excesos de azúcar o sodio.

Es más, prepáralas en casa. Los ingredientes te salen a costo y puedes conseguirlos más saludables. Aparte, tú puedes controlar el azúcar que usas. Tus dientes, los de tu pareja y los de tus hijos te lo agradecerán. El dentista te felicitará cuando lleves a los tuyos a su examen dental. ¿Ves? Tú gastas menos y todos se benefician más.

¿"Forzada" a comprar golosinas? Si es que tus pequeños te conmueven el corazón y les compras golosinas, llévate el paquete grande de una sola clase. Por ejemplo, si compras Doritos no compres Chitos o si compras Chitos no compres papitas fritas. De esa manera tu familia se acostumbrará a comer y terminar lo que haya disponible en vez de abrir y mordisquear uno y otro paquete de golosinas. Además, los niños y adultos en su gran mayoría, comen y desperdician más cuando ven que hay de donde escoger. Un beneficio importante es que evitarás la obesidad en tus niños.

Congela frutas. Congelas las que están muy maduritas antes de que se pudran. Ponlas en bolsitas de plástico para porciones pequeñas.

Prepara bebidas frescas. Acostumbra a tu familia a tomar bebidas preparadas en casa. Una limonada, por ejemplo, te saldrá más económica si la preparas en casa con limones frescos que si compras gaseosas. Es una economía que a su vez protege la salud porque las aguas frescas son mejores para los niños. Las gaseosas vienen cargadas de azúcar y endulzantes sintéticos que en nada benefician la salud (estos endulzantes causan cáncer en las ratas de laboratorio).

Frutas de temporada. Procura comprar frutas frescas de temporada para comer y para preparar bebidas frescas. Los precios casi siempre son más económicos, pues se encuentran en oferta especial. Además, en su gran mayoría las frutas de temporada son más dulces, pues se han madurado naturalmente. En casa, lávalas, córtalas y congélalas para evitar que se echen a perder. También úsalas para hacer licuados. Endulza tus licuados con manzanas dulces en vez de usar azúcar. Te van a quedar deliciosos.

Verduras y vegetales. En estos productos se economiza comprándolos en temporada, cuando se consiguen frescos en abundancia. Procura un buen balance entre la economía y la buena nutrición. Los vegetales más frescos, más verdes y mejor madurados se encuentran en los mercados populares locales, al aire libre, los llamados mercados de granjeros. Aunque tal vez cuesten más que si los compras en un supermercado, la calidad nutritiva es superior.

El agua es más económica. Tomar agua es todavía más económico y más saludable que tomar bebidas endulzadas. El azúcar es cara y además contribuye a la caries dental, la obesidad y afecta la salud, sobre todo en los niños. El agua de grifo es bastante sana en las ciudades de los Estados Unidos, según la Agencia de Protección Ambiental (EPA) www.epa.gov/safewater. Si te empeñas en comprar agua en el mercado, búscala en un sitio aprobado por la sanidad pública donde tengan sistema de filtración visible al público. Compra agua en recipientes de varios galones para que te salga más económico.

Advertencia. El agua que viene en botellas de plástico no te conviene. De acuerdo con el Departamento de Alimentos y Drogas (Food and Drug Administration, FDA) www.cfsan.fda.gov/, ellos sólo se limitan a verificar que el agua sea potable, o sea, básicamente lo mismo que hace la EPA con *el agua de grifo.* Así que al final sales pagando un alto costo por la misma calidad de agua que obtienes en tu casa y encima de eso, las botellas de plástico son fabricadas con derivados del petróleo causando contaminación al medio ambiente. En varios estados tienes que pagar un depósito al comprarlas (fuera del impuesto a las ventas), así que te aumentan el costo del agua aún más. Y por si eso fuera poco, según los Centros para el Control de Enfermedades (CDC por sus siglas en inglés), los fenoles usados en la fabricación del plástico afectan la salud.

Estantes bajos y altos. Cuando estés en el mercado haciendo tus compras, mira los estantes que se encuentran arriba y debajo de tu línea visual. Frente a tus ojos es donde ponen los artículos más caros. Los almacenes anuncian cosas en oferta especial y luego tratan de esconderlas en los estantes más altos y los más bajos para que quien compre sin fijarse, pague más.

Compra entre semana. Si durante la semana te das cuenta que se terminó algo y es absolutamente necesario comprarlo, cuando entres a la tienda no lleves carrito. De esa forma no será fácil que se te peguen otros artículos que no pensabas comprar.

Muy ocupada para cocinar. Si gastas mucho dinero en comer fuera porque te es engorroso cocinar en casa cuando llegas cansada del trabajo, el fin de semana prepara dos o tres platos principales, divídelos en porciones y ponlas a congelar. De esa manera cuando llegues del trabajo lo único que tienes que hacer es calentar y preparar alguna ensalada o vegetales y listo, cena económica en menos de diez minutos.

Una forma de ahorrar mucho. La manera de ahorrar cientos de dólares al año en víveres, es acostumbrarte a cocinar con poca carne. Si tu familia está acostumbrada a comer carne todos los días, prepara comidas en donde utilices poca cantidad. Por ejemplo, guisado de carne de res con papas. Picadillo de carne molida con vegetales. Usa tu imaginación. De esa forma gastaras menos, economizarás más y ayudaras al bienestar de tu familia, está comprobado que comer carne en demasía es dañino para la salud.

A la carrera. Si el tiempo te apremia, compra comida calientita recién preparada en el supermercado para llevar a casa en vez de salir con la familia a comer en un restaurante. Es más económico y te ahorras la propina. No hagas esto a munudo, sin embargo, porque vas a tender a engordar.

Tomar o no tomar. Si no puedes dejar el hábito de las gaseosas dulces, cómpralas en el súper y llévalas al trabajo en vez de comprarlas en las maquinas o el restaurante. Y ya sabes lo que voy a decir, ¿cierto?: compra las gaseosas en venta especial. Eres clarividente, diste en el clavo.

6. VIVE CON ELEGANCIA Y ECONOMÍA

Aunque el precio de muchos artículos tiende a bajar (computadoras, aparatos electrónicos), en la ropa parece que lo único que baja es la calidad. Para economizar en mano de obra, en muchos países se fabrica ropa barata que parece desechable porque se usa dos o tres veces y luego comienza a deshilacharse. Siendo así las cosas, es mejor que te eduques en cómo comprar bueno, bonito y barato. Mantén los ojos y la mente abiertos. Si tu nuevo presupuesto te dicta gastar sólo cierta cantidad de dinero en ropa, zapatos, accesorios y otros, necesitarás formular una estrategia para comprar y recortar gastos. Sé realista en esto de cambiar tus hábitos de compras. Para acostumbrarte a una nueva rutina, adopta las siguientes reglas y la vida te será más fácil. Además, vestirás a la moda pero no le digas a nadie cuánto economizas.

Habla del presupuesto familiar con tu familia. Antes de salir de compras es importante que les digas a tus hijos la cantidad que gastarás en cada uno de ellos, haciendo énfasis que economizar ayuda a todos en la familia. Si tu presupuesto es de nada más de $100 por cada uno, tienen que entender que si ellos quieren gastar más tendrán que traer su propio dinero. Ya sea dinero que se han ganado ellos mismos o de lo que reciben para sus gastos.

Importante. No pagues por compras de ropa con tarjetas de crédito porque no debes endeudarte; además, al pagar intereses por el crédito cancelas los ahorros de las ventas especiales y tus esfuerzos son en vano.

Compra cada tres meses. Trata de hacer tus compras de ropa cada tres meses, cuando cambia la temporada y bajan los precios, sobre todo al final, como cuando termina el verano por ejemplo. Otra época buena para comprar es después de navidad y año nuevo. Reemplaza únicamente las prendas que se van acabando o que los niños van dejando. A los pequeños no importa tanto qué clase de ropa compras porque la destrozan, o manchan durante sus juegos o les va quedando pequeña.

Combina la última moda. Evita comprar ropa que sabes pasará de estilo en cuanto cambie la estación de año. Si decides comprar ropa de temporada aún a sabiendas que es un desperdicio de dinero, entonces al menos cómprala en tiendas de descuento y usando cupones. Procura comprar prendas que puedas combinar con las que ya tienes en tu vestuario. Por ejemplo, puedes comprar una blusa de temporada para usarla con un par de pantalones clásicos que ya tienes. De esa forma te sentirás a la moda pero no gastarás una fortuna.

Busca calidad en oferta especial. Compra ropa de calidad y en oferta especial, o con cupones de descuento, para ti, tu esposo y tus hijos mayores. Para ti, trata de comprar ropa de colores sólidos, que puedas combinar con facilidad y que luzcan elegantes. Por ejemplo, el color negro y el color crema se pueden combinar con casi todos los colores. Mi presupuesto personal de $300 dólares al año me permite comprar unas cuantas prendas de calidad que me duran muchos años. Tal vez muchas lectoras estén en desacuerdo, pero a mí me ha dado muy buen resultado esta técnica porque prefiero prendas que me hagan sentir atractiva una y otra vez, en vez de estar cambiando de vestuario continuamente.

Ropa para tus hijos. Aprovecha las ofertas de venta en especial, como la venta de fin de año y de verano. Nunca pagues el precio de la etiqueta. Si no está en oferta especial, no lo compres. Cuando mis hijos eran pequeños y los llevaba de compras, les permitía escoger alguna prenda que les gustara mucho y pagaba precio completo siempre y cuando no fuera muy cara, pero todo lo demás tenía que estar en venta especial. De esa manera no salíamos peleando de la tienda porque de antemano estaban al tanto del presupuesto. Claro que influía recordarles que ahorrábamos para el viaje a un centro de diversiones.

Haz esto a la antigüita. Si es posible, y tienes tiempo, lava tu ropa fina a mano porque así te durará más tiempo y se verá como nueva. Las máquinas lavadoras maltratan la ropa.

Colores de zapatos. Procura comprar zapatos de color sólido, como blancos, negros y de color crema. De esa forma podrás combinarlos con casi toda tu ropa sin irte a la quiebra.

Ahorra en calzado. Cuando estés por comprar zapatos nuevos, reflexiona por unos momentos y piensa si en verdad los necesitas o si nada más los quieres. Muchas veces el solo hecho de recapacitar por unos momentos es suficiente para dar marcha atrás en la compra.

Reunión de intercambio. Organiza una reunión de intercambio de ropa con tus amigas y familiares. Te sorprenderá que una prenda que tú detestas y sientes que no te queda bien, a tu amiga Petra le parecerá y le quedará fabulosa. De la misma forma trata de intercambiar bolsas y accesorios. Acuérdate de las ocasiones que has visto a tu mejor amiga con una bolsa que te parece muy atractiva pero que para ella ya es un vejestorio. Tal vez estará feliz de deshacerse de ella. Viceversa con tus vejestorios.

Al dos por uno. Una gran mayoría de almacenes de ropa ofrecen ventas del dos por uno. Aprovecha estas ventas, y si es ropa para tus hijos, compra la segunda prenda de un tamaño más grande. Los muchachos crecen y van a necesitar ropa más amplia pronto.

Intercambio de ropa para tus hijos. Si ya intercambiaste ropa con tus hermanas, primas y amigas, has lo mismo con la ropa de tus hijos. Si tus hermanos o hermanas tienen niños de la misma estatura que los tuyos, trata de que los muchachos intercambien ropa. A veces el hecho de vestir algo diferente los hace sentir como si estuvieran estrenando ropa nueva. Enseña a los más pequeños a usar la ropa de sus hermanos o hermanas mayores. Si los acostumbras de pequeños, no tendrás tanta dificultad cuando crezcan.

Zapatos y ropa de niños. No compres zapatos tenis de moda o ropa de alto precio a tus hijos. Los niños crecen rápidamente y no vale la pena gastar mucho dinero en la compra de su ropa o zapatos.

Venta de garaje (yard sale). Tal vez al principio no te llame la atención pero si sigues mi consejo te ahorrarás mucho dinero. De vez en cuando, visita ventas de garaje, sobre todo en las mejores áreas de la ciudad y compra pantalones jeans y pantalones cortos para tus hijos. Muchas veces los puedes encontrar nuevos con la etiqueta original, porque algunos padres compran ropa cara a sus hijos, a los cuales no les gusta o no la usan por no ser de su talla. En estas ventas también puedes encontrar buenos artículos para el hogar a buen precio.

Horror de los horrores. ¿Ropa de segunda? ¡Ni muerta! No te espantes. No te estoy aconsejando que de un momento a otro comiences a comprar ropa de segunda. Sin embargo, date una oportunidad de experimentar si es que no lo has hecho, de visitar tiendas de segunda mano. Muchas veces se encuentra ropa completamente nueva que la gente dona por una razón u otra.

Es mejor evitar la lavandería. Compra ropa que no necesite llevarse a la lavandería. Los ahorros son enormes al pasar el tiempo. Además te evitarás los berrinches que pasas cada vez que la lavandería te encoje la ropa o peor aún, te la pierde.

Zurce y remienda. Cuando estés por deshacerte de alguna prenda de vestir, ya sea tuya o de tu familia, inspecciónala cuidadosamente a ver si la puedes remendar y seguir usando por un tiempo más. Te sorprenderá todo el dinero que ahorras haciéndolo. Acuérdate de tu presupuesto, deposita en la cuenta de ahorros el dinero que no gastes.

Usa ropa vieja en casa. Acostúmbrate y acostumbra a tu familia que usen su ropa vieja para estar en casa, lavar el carro, cocinar y limpiar el jardín. De esa forma tu ropa nueva lucirá bien más tiempo y no tendrás que comprar ropa tan a menudo.

Ropa de dormir. Usa camisetas de talla grande para dormir y ahórrate el costo de batas para dormir. De vez en cuando a mi esposo o a mí nos regalan camisetas de talla muy grande y en vez de regalarlas, yo las uso como batas. No es muy sexy pero sí económica y a mi esposo no le importa.

Llévalos al zapatero. Si estás convencida que necesitas zapatos nuevos, busca entre todos tus pares que tienes guardados y considera llevar un par de ellos al zapatero para que los refaccione. Mi hija Laura es una experta en hacer que sus zapatos le duren años. Los lleva al zapatero hasta que ya no tienen remedio. Y siempre me sorprende lo bien que se ven cada vez que los manda arreglar.

7. SI SE PUEDE AHORRAR EN TRANSPORTE

En este siglo XXI, la extensión de las ciudades y las grandes distancias entre la casa, el trabajo, los centros comerciales, los estadios deportivos, las universidades, los hospitales, y en fin todos los posibles lugares adonde tienen que trasladarse los miembros de la familia, hace imperativo un automóvil. Tenerlo ya no es un simple lujo sino una imperiosa necesidad. Consideremos el caso de una familia típica. Ambos conyugues trabajan, los muchachos son mayores de 18 años y estudian en la universidad, lo más seguro es que sientan la necesidad de manejar carro propio.

Pero si anotamos todos los gastos relacionados con mantener uno o más autos, te darás cuenta que es bastante costoso. Aunque durante las depresiones económicas el precio del combustible baja, los economistas aseguran que la era de la gasolina barata ya pasó a la historia. El petróleo no es un recurso renovable y terminará por acabarse, según predicen algunos expertos en la materia. Por lo tanto, veamos cómo te puedes ahorrar cientos de dólares por año en transporte.

Entre menos autos mejor. Si tienes más de un auto, has lo posible por arreglártelas con uno. Especialmente si tienes vejestorios estacionados en el garaje y que conservas por razones sentimentales. Simplifica tu vida y la de tu familia. ¡Véndelos o dónalos! Que no te pase lo que a mi hermana, que tenía un carro del año del caldo estacionado por años en el patio de su casa. Que dizque el mentado carrito era para cuando Pedrito comenzara a manejar. Pedrito sólo tenía 6 años y aún a esa tierna edad el niño decía que nunca manejaría ese vejestorio.

Menos costo de mantenimiento. Es muy obvio que entre menos autos tengas, menos gastarás en mantenimiento, seguro gasolina y placas anuales.

Vende tu auto. Si es posible, vende tu auto y acostúmbrate a usar transporte público. Tendrás ventajas: te ahorrarás costos de mantenimiento e impuestos. Además, el dinero de la venta lo podrás utilizar para pagar deudas o para depositarlo en el banco y aumentar tu capital.

Camina al trabajo. Si vives cerca, ¿porqué no caminar al trabajo? Si vives lejos, puedes caminar a la parada del autobús o a la del tren metropolitano. Usar transporte público te da oportunidad para leer, tejer, incluso tomar una siesta. Para distancias intermedias puedes usar la bicicleta. Si no tienes una, se consiguen usadas a buen precio. Harás ejercicio, te mantendrás en buena salud, y con el dinero que economizas puedes hacer buenas inversiones. ¿Qué esperas?

Múdate cerca de tu trabajo. Piensa cuánto gastas en transporte al mes, no sólo en dinero sino también en tiempo. Incluye combustible, mantenimiento, limpieza, impuestos, depreciación y el promedio de lo que pagas en multas por infracciones y reparaciones por accidentes. En cuanto al tiempo, añade embotellamientos de tráfico y frustración con otros choferes descorteses. Tal vez te convenga mudarte a una casa o un apartamento más cercano al trabajo. O al revés, buscar un empleo más cerca de tu casa si es posible.

Comparte el viaje. Si vives lejos de tu trabajo y mudarte cerca no es conveniente, ni tampoco quieres buscar otro trabajo, busca entonces entre tus compañeros de trabajo a ver quién vive en tu área para compartir el viaje. Pueden alternarse las labores de manejo. Pide asesoría en la oficina de personal para que te ayuden a encontrar a ese compañero, o si no trata http://www.divvymyride.com/ .

Manejar menos implica menos accidentes. Dice un dicho: *"tanto va el cántaro al agua hasta que al fin se rompe".* Entre más manejas, más aumentan las posibilidades de accidentes. Cualquier percance o accidente, por pequeño que sea, es costoso. Aunque no haya sido tu culpa, el informe sobre el accidente va a quedar en tu historial y al año siguiente tu seguro de automóvil va aumentar. Además de tu pérdida económica, lo más probable es que tengas que escribir cartas de explicación a burócratas desconocidos. Piensa bien esto de manejar a tu trabajo día tras día. Combina viajes a tiendas y mandados. Usa el correo o el Internet para pagar cuentas en vez de hacerlo en persona.

Menos multas. Aunque el consejo es elemental y seguro que estoy repitiendo lo que te decía tu mamá, maneja con cuidado respetando las leyes de tránsito. Rosa, una amiga mía, se quejaba amargamente que su esposo gastaba mucho dinero al mes en multas de manejo y apenas si les alcanzaba el dinero para mal comer. Cuando Rosa le mostró a Francisco la cantidad que había pagado en multas, más el aumento de seguro en el transcurso de un año, éste se sorprendió y desde entonces maneja precavidamente. ¿Además, de qué vale vivir la vida con tanta prisa?

No compres carro del año. Comprar carro nuevo definitivamente no es una buena inversión. Los autos nuevos pierden un promedio del 30% de su valor durante el primer año. Algunos modelos se devalúan un 20% inmediatamente al salir del concesionario. La mejor estrategia para comprar autos recientes, con todas las comodidades, con buena garantía y pocas millas, es comprar uno de un máximo de dos años de antigüedad con menos de 40,000 millas (60,000 kilómetros). ¿Por qué pagar tanto cuando puedes ahorrarte miles de dólares? Hasta tu esposo quedará sorprendido de tu sagacidad financiera.

Consejo importante para tu protección. Cuando encuentres un vehículo que te guste, para asegurarte que no haya sido robado o que haya estado involucrado en un accidente, vale la pena que investigues su historial (www.dmv.org) usando su "vehicle identification number," VIN (número de identificación del vehículo). Ten presente también que cuando trates de vender tu auto, el probable comprador puede pedirte el VIN para hacer sus averiguaciones.

Dónde comprar excelentes carros usados. Los puedes encontrar en el Internet www.edmunds.com, http://autos.yahoo.com/, http://www.motortrend.com/used, en subastas, en bancos y compañías financieras (por lo general tienen carros reposeídos), en las agencias que alquilan autos (www.autotrader.com/, http://www.cars.com/), y en los anuncios clasificados del periódico. También encuentras muchos en los lotes de las agencias pero tal vez ahí estén más caros. Igualmente pregúntale a tus amigos y conocidos si conocen a alguien que esté vendiendo su auto. Para precios, consulta el llamado Libro Azul que en inglés *es Kelly Blue Book* (www.kbb.com), una publicación mensual la cual encuentras en la biblioteca o en tu banco. Kelly Blue Book publica rangos de precios de carros usados y te servirá de guía. Importante, no se te olvide regatear. Que tampoco se te olvide comparar precios antes de salir de casa y antes de firmar documentos.

Sueñas con auto nuevo. Si todavía quieres comprar auto nuevo porque ese ha sido tu sueño y por esa razón emprendiste un plan de ahorro, no corras a la agencia de ventas a ver qué carros bonitos tienen por ahí que te gusten. Antes de salir de tu casa, ármate con el poder de la información para que no te desplumen.

Selecciona tu auto ideal. Primero que todo, agarra lápiz y papel. Cada año salen al mercado docenas de modelos de vehículos, así que hay mucho que escoger y no te vas a dejar abrumar por la profusión de modelos. Sensatamente, tú vas a seleccionar el carro que necesitas en lugar del carro idealizado que quieres. Anota en tu lista de requerimientos cuántas personas en tu familia lo van a usar, cuántas puertas debe tener (¿dos o cuatro?), ¿hay que manejar largas distancias?, ¿necesitas en realidad tracción en las cuatro ruedas?, ¿Con qué frecuencia vas a necesitar llenar el tanque de gasolina? Piensa si vas a necesitar espacio para carga, recuerda los balones y uniformes del equipo de fútbol de tu hijo.

Antes de comprar, considera los gastos. Continuando con el proceso de selección, métete al Internet, visita los sitios web donde comparan los nuevos modelos, tienen buena información y es ¡gratis!. www.edmunds.com, http://autosmsn.com/research/compare, http://autos.aol.com/. Compara costos y tecnología. Cuando tengas una lista corta de los modelos que te gustan, haz un análisis económico de los costos de operación de cada modelo. Considera la depreciación de la marca, el costo del seguro, el gasto de combustible y el mantenimiento. Hay carros que son económicos de comprar pero caros de mantener. Mi esposo y yo aprendimos una dura lección a este respecto, al darnos cuenta que lo que ahorramos en el costo de compra de nuestro auto, lo estábamos gastando en seguros y mantenimiento.

Información básica que necesitas antes de comprar. Ni se te ocurra salir de casa antes de armarte con buena información. Todo lo que voy a decirte lo encuentras en el Internet y es información que vas a encontrar gratis. Por lo menos necesitas comparar: 1) precios del auto que vas a comprar, 2) costo del seguro y 3) el porcentaje de interés que te van a cobrar por financiamiento.

Compra en temporada correcta. Si ya seleccionaste tu auto o si sólo te queda escoger entre dos o tres, no salgas de tu casa todavía. Busca los sitios web de unas cinco agencias que vendan los modelos que seleccionaste en la ciudad donde vives y pídeles una cotización del auto que quieres. Cuando veas la variación de precios, te vas a dar cuenta porqué te digo que llames a cinco. Con cotización en mano, y sabiendo quien ofrece los carros a menor costo, puedes regatear el precio económico que más te convenga. Considera también los incentivos y garantías que te ofrecen. Revisa el capítulo dedicado al *Arte importante de regatear.*

De preferencia, llámalos durante la época navideña cuando todo el mundo está en fiestas y no comprando carros. Otra buena temporada para comprar autos nuevos, aunque no del año, es entre los meses de julio a octubre cuando las agencias están recibiendo los vehículos último modelo, pero todavía les quedan algunos del año anterior, los cuales rebajan. Procura ir entre el 25 y el último del mes porque los concesionarios van a estar preocupados entonces por alcanzar las cuotas de venta del mes, y están dispuestos a hacer rebajas para vender más.

Haz la pregunta mágica. Ya sea en el Internet o en persona, una vez que logres el precio más bajo, házle esta pregunta al vendedor: *¿Y ese es en realidad su precio más barato? Todavía está fuera de mi presupuesto.* Yo sugeriría que practiques tu cara de escepticismo frente al espejo. Generalmente, un vendedor que quiere vender, al oír esta pregunta baja más su precio.

Haz trato con el vendedor que negociaste. Si hiciste tu regateo por Internet, cuando visites la agencia, pide hablar con el vendedor con quien negociaste. Las agencias tienen vendedores que se especializan en ventas por Internet. Si hablas con otro vendedor no especializado tal vez no recibas el mismo descuento, aunque trabaje para la misma agencia.

No compres extras. No te dejes convencer de comprar extras que aumenten el precio al auto. Uno de los "engaña bobos" principales es el llamado contrato de mantenimiento adicional. Primero el vendedor trata de convencerte de la alta calidad del carro que quiere venderte, y luego, una vez que lo compras, trata de convencerte que necesitas contrato de mantenimiento, como si la calidad del auto fuera en realidad defectuosa. No caigas en esta trampa tan obvia. Tampoco compres capas de encerado especial para que la pintura dure más, ni protección contra la herrumbre. Mejor que ese dinero quede en tu bolsillo. No permitas que te hagan presión.

Ahorra en seguro. Según las leyes, antes de manejar cualquier auto que compres, necesitas asegurarlo para cumplir con tu responsabilidad social. Y tú, con tu astucia, asegúrate que no estás pagando más de la cuenta. Decide qué coberturas necesitas, con el proviso de un deducible de $500 a $1,000 dólares o más (dinero que comprometes de tu bolsillo en caso de robo, incendio o accidente). Tienes razón, es relativamente alto, pero te va a rebajar el costo de la prima. Pide varias cotizaciones en los sitios web que venden seguro para que así puedas comparar el costo: www.progressiveseguros.com, www.insurance.com.

Te vas a dar cuenta que el precio de compra del auto no es el único indicador de economía. Las compañías de seguro cobran más por asegurar autos pequeños y económicos porque estos se averían más en un accidente y protegen menos a los pasajeros. Ten presente también que el costo de seguro en auto nuevo es mucho más alto porque la compañía se arriesga más. Otra buena razón para comprarte un carro usado pero joven. **Importante.** Si tú no tienes seguro al momento de comprar, el concesionario de autos te va a asignar una compañía de seguros, cobrándote un precio exorbitante.

Aumenta tu deducible. Este consejo aplica más a aquellas personas que se esfuerzan por conducir con prudencia y obedecen las leyes de tránsito, especialmente los límites de velocidad. También para aquellos que no tienen accidentes, ni manejan bajo la influencia del alcohol o estupefacientes, ni han recibido infracciones en los últimos cinco años. Si tú eres buen conductor, investiga cuanto te ahorrarías si aumentas tu deducible a $1,000 o $1,500 dólares. Luego decide si estás dispuesta a tomar este riesgo a cambio de una reducción en tus pagos. Recuerda que en realidad cuando pagas seguro estás compartiendo el riesgo con la compañía de seguros. Ten presente que de ti depende la protección. Es tu timón y la seguridad está en tus manos.

Toma una clase de manejo defensivo. Aquí se trata de mostrarle a tu agente de seguros el certificado de asistencia a esta clase para que te de un descuento (www.idrivesafely.com/). Si ya has tomado una de estas clases, entonces sabes que es una buena inversión de tiempo (8 horas por lo general) y de dinero. Y no, no tienes que haber recibido un parte de la policía ni la orden de un juez, para tomar uno de estos cursos. Cúrate en salud y toma esta clase antes de necesitarla. Te van a enseñar como protegerte mejor de los malos choferes alrededor tuyo en las calles y autopistas.

Ahorra doble como dueño de casa. Considera llamar a la compañía donde tienes tu seguro de casa para que también te aseguren tu automóvil. Puedes ahorrar de 15% a 20% de descuento. Imagínate, en una póliza de seguro con un costo de

$1,000 te ahorrarás de $150 a $200. Con ese dinero manda un pago adicional a una tarjeta de crédito.

Costo de las placas anuales. Cuando compras auto nuevo, el costo de los impuestos y placas son más altos. No puedes evitar estos costos a menos que compres un carro de menor precio o usado. Lo que sí puedes hacer es evitar las placas personalizadas, las llamadas placas de vanidad. Muchas personas en este país pagan extra por seleccionar sus propios números y letras, y siguen pagando más cada año cuando las renuevan. Es una "vanidad" cara. Economiza, cuida tu dinero, sal adelante en la vida.

Ahorra en financiamiento. Un secreto aquí en confianza: el concesionario no es el único lugar donde puedes conseguir financiamiento. Lo más probable es que por tu cuenta consigas un interés más bajo. Revisa primero tu historia de crédito en Internet. Tienes derecho a una revisión anual gratis, estos son los sitios: www.annualcreditreport.com/, www.ahorre.com/credito/,http://www.creditreport.com/
Lee tu reporte de crédito con atención y reporta inmediatamente cualquier error que encuentres. Por unos pocos dólares puedes averiguar tu puntaje de FICO. Aumentas tu puntaje pagando tus cuentas a tiempo y no excediendo los límites de tu crédito. Mientras más alto sea tu puntaje, más barato te va a salir el crédito. También influye cuánto dinero tienes para la cuota inicial o enganche. Lógico que mientras más tengas, más barato te saldrá el crédito. Puedes ahorrar miles de dólares en intereses en tu deuda si arreglas tu propio financiamiento preferiblemente en tu *"credit union"* (cooperativa de consumo) o en tu banco. Pídeles información porque muchas veces los bancos ofrecen interés preferencial a sus clientes. Te conviene también conseguir unos tres estimados gratis en los sitios web de otros bancos.

Advertencia sobre financiamiento. No importa dónde consigas el préstamo, no te dejes convencer que tienes que comprar seguro de vida para pagar tu balance en caso que algo te suceda. Ese seguro es una inversión pésima. No mezcles los dos conceptos, seguro y financiamiento de tu auto. Si necesitas seguro de vida, que sea por otras circunstancias generales de tu familia. Cómpralo por separado.

Al contado es mejor. Te ahorrarás miles de dólares si compras tu auto al contado. ¿Piensas que es imposible?, no, no es así, si has ahorrado tu dinero tal como te he explicado en este libro. Permíteme darte un ejemplo sobre nunca tener que preocuparte más por pagos de automóvil. Compara lo siguiente, nuevo vs usado y bueno:

- Costo de *carro nuevo*: préstamo de $20,000 dólares con pagos de $332 al mes por siete años al 10% = $27,888 dinero gastado.

- Costo de *carro joven, usado y bueno*: préstamo de $6,000 con pagos de $100 al mes por siete años al 10% = $ 8,400 dinero gastado.

- Ahorros al comprar usado y bueno = $232 al mes en tu bolsillo.

Si inviertes esos $232 al mes por los mismos siete años al 10%, vas a tener $28,060 en el banco (tu ganancia en intereses va a ser de $8,572). Al cabo de ese tiempo (siete años), vendes tu carro ya ancianito y compras (regateando el precio), un carro nuevo de $15,000, pagando al contado, y te van a sobrar $13,060. Sigue invirtiendo los $232 al mes y cada siete años vas a poder comprar el carro de tu elección, sin tener que preocuparte por financiamiento. Tu capital seguirá aumentando.

Si por el contrario, empiezas comprando carro nuevo ahora, tendrás pagos mensuales que subirán al cabo de siete años cuando compres carro otra vez. Y seguirás pagando cada mes deudas de financiamiento por años y años, sin progresar tú.

Compra en vez de arrendar. Nunca, nunca, nunca, y hago énfasis en el "nunca" arriendes un auto. Comprar tu carro en vez de arrendarlo (leasing) tiene más sentido común económico. No te dejes convencer que arrendar auto te conviene más que comprar, aunque el pago mensual te salga más económico. Al arrendar, pagas tú por depreciación del vehículo más alquiler, más impuestos, más cargos, más kilometraje. Además de eso, te comprometes a gastos de mantenimiento estricto. Al final del contrato de arrendamiento devuelves el carro y pagas los excedentes que quedes debiendo (kilometraje, abolladuras, etc.), y te quedas sin auto. Por el contrario, si compras, sobre todo a buen precio, y mantienes bien tu auto, te va a durar por muchos años. Tu decisión es simple: sales adelante o te dejas llevar por las apariencias de manejar carro nuevo cada dos años, regalando tu dinero a los concesionarios.

Rendimiento de gasolina. La época de la gasolina abundante y barata ya pasó a la historia.

● Compra un auto con alto rendimiento de millas por galón, pero también de construcción sólida que te proteja de percances en caso de accidente (www.safestcars.net). Un auto que rinde poco te desgasta el bolsillo.

● No uses tu automóvil para viajes de menos de cuatro cuadras.

● No aceleres tu auto bruscamente; no vas a ganarte ningún premio si eres la primera en arrancar cuando el semáforo cambia a verde.

● No uses tu cajuela (baúl) como lugar de almacenaje para cosas a largo plazo; mientras más peso transporte tu carro, mayor será el consumo de gasolina.

● Cuando vayas por los niños a la escuela, mientras los

esperas, apaga el motor.

- Si viajas al centro de la ciudad, considera ir en transporte público o en taxi, para ahorrar combustible y costos de estacionamiento.
- Compra gasolina donde la encuentres más barata.
- Cuando viajes, consulta mapas o sistema de navegación para que no te pierdas y quemes más gasolina. ¿Para qué quemar dinero?

Vende tu carro por tu cuenta. Cuando compres auto, en vez de canjearle tu auto viejo al concesionario – quien te pagará muy poco – véndelo por tu cuenta. A lo mejor ya conoces a algún amigo tuyo que quiera comprarlo.

- Primero determina el precio, teniendo en cuenta el millaje y la condición de tu vehículo. Consulta el "Kelly Blue Book" (www.kbb.com/).
- Establece un precio razonable y súbele algunos dólares de más (ten presente que los compradores pueden tener también una buena idea de cuánto vale tu carro).
- Sé flexible y razonable con el comprador pero sin perjudicar tu posición.
- Establece límite mínimo porque no quieres en realidad, regalar tu carro.
- Ten el manual de operación de tu vehículo a la mano para responder preguntas técnicas que un presunto comprador pueda tener.
- Responde a las preguntas con amabilidad y veracidad. Tú también haz preguntas si es necesario.
- Si no conoces a la persona, pídele ver primero su licencia de manejar como identificación.
- Puedes dejar que el comprador lleve tu carro a su mecánico para que lo revise, siempre y cuando tú vayas con ellos.
- Decide de antemano qué forma de pago es aceptable para ti y menciona este tema en el momento de hacer cita

para ver el vehículo.
- Puedes anunciar tu carro en Internet como por ejemplo en: http://www.freebo.com/, http://www.autotrader.com, www.ebay.com, www.edmunds.com.
- Publica también tu anuncio en periódicos y revistas locales que cobran una cantidad mínima.
- No se te olvide notificar al Departamento de Vehículos Automotores (DMV) sobre la venta de tu vehículo.
- Ante todo, no te pongas nerviosa, vender el carro no es cosa del otro mundo. Como ves, existen muchas formas de hacerle mercadeo a tu auto y te ahorrarás cientos de dólares.

Mantenimiento. Hazle mantenimiento preventivo a tu auto por lo menos dos veces al año. No esperes a que te ocurran desperfectos para luego verte obligada a repararlos. Revisa el aire en las llantas cada mes y cambia el aceite a intervalos de cuatro mil millas (6,000 kilómetros). Dile al mecánico que revise el fluido de los frenos, el de la transmisión y el radiador. Asimismo, que revise las correas del ventilador y del distribuidor, las bujías y los filtros (aceite y combustible). Cuando manejes, no aceleres ni frenes bruscamente porque además de quemar más gasolina, desgastarás más rápidamente los frenos, los cilindros y otras partes tu auto. Cuida tu vehículo y este funcionará con mayor confiabilidad por muchos años. A la larga te ahorrarás miles de dólares y dolores de cabeza.

8. SALUD VIGOROSA Y DINERO EN EL BOLSILLO

La salud es de primordial importancia para disfrutar de la vida y también para producir dinero. Gozar de ella es la sensación más placentera. Tu vitalidad es lo que crea riqueza en tu vida. La buena salud crea la inspiración que construye fortuna. Vale más que cualquier otra cosa en la vida, y no hay que escatimar dinero para conservarla. Sin embargo vamos a cuidar de ella sin derrochar dinero.

De la misma manera que se charla de muchos temas en la casa, acostumbra a tu familia a hablar de cosas de salud. Así acondicionarás tu mente y la de los tuyos a pensar en bienestar y por lo tanto, prosperidad. Tener buenos o malos pensamientos es algo que uno escoge, y la ley de la atracción nos dice que al escoger pensamientos positivos atraeremos una realidad positiva a nuestras vidas. Tienes entonces la oportunidad de moldear los pensamientos de tu familia hacia temas de salud y prosperidad. Escoge pensar en la alegría de vivir y estarás plantando las semillas de una mejor vida para todos.

Los médicos coinciden al comentar que es más saludable tener una actitud positiva que quejarse de la vida. El negativismo induce estrés y contribuye a las enfermedades degenerativas que afectan a uno y otro órgano del cuerpo. Vivir negativamente es en realidad vivir en función de enfermedades y cuesta dinero en tratamientos médicos y medicamentos. Es extremadamente difícil pensar en progreso si te sientes enfermo.

La ciencia médica corrobora que una persona optimista es más saludable que una persona agria e irritable. Los nutricionistas nos dicen que comer bien mantiene sano el cuerpo. Los médicos aconsejan no fumar, hacer ejercicio, prevenir la obesidad para vivir una vida saludable y alejar las enfermedades. Cúrate entonces en salud con una actitud positiva. Especialízate en encontrar buenas circunstancias para tus ideas, y si no las encuentras, utiliza tu mente para crear esas buenas circunstancias. Acuérdate una y otra vez que tú controlas tu vida y no estás a merced de los vaivenes del destino. Tú eres una persona muy especial, no una marioneta.

Las siguientes ideas son sugeridas por expertos para economizar dinero en gastos de salud. Estas ideas no reemplazan la conversación informativa que debes tener con tu médico o terapeuta. Si tienes alguna duda, consulta a un experto en salud.

Aumenta el deducible en tu seguro. Si cuentas con el precioso don de la buena salud, revisa tu plan de seguro de salud y pídele a tu agente que aumente el deducible para bajar el costo de tu prima mensual. Si vas al médico sólo para chequeos una o dos veces al año, te sale más económico pagar esas consultas de tu bolsillo en lugar de pagar primas altas todos los meses.

En salud, planea tu seguro para que cubra, más que todo, enfermedades serias y accidentes. Invierte el dinero que te ahorres, en salir adelante, te lo mereces.

Compara precios. Compara precios de varios planes con un agente que tenga experiencia en seguros de salud y que pueda ayudarte a escoger entre varias compañías. También pregúntale a tus amigos y familiares qué compañías usan y porqué.

Seguro médico en el trabajo. Si tienes seguro medico a través de tu trabajo, probablemente tú pagas una porción de la cuota mensual y tu patrón paga el resto. Probablemente también puedes cambiar de seguro durante cierta época del año. Tómate el trabajo de aprender los detalles de qué cubre y qué no cubre tu seguro. Edúcate sobre los costos de recetas médicas, maternidad, cuidado preventivo, etc. Considera escoger el plan más económico aunque cambies de doctor. A menos, por supuesto, que tengas una condición medica muy delicada y necesites a tu doctor que te conoce bien. Te ahorrarás mucho dinero al escoger la póliza más económica. Tu salud depende de ti. Cuídate y prosperarás.

Cuenta de Ahorros para la Salud. Si vives en los Estados Unidos, cuando consideres comprar seguro de salud piensa en una Cuenta de Ahorros para la Salud (Health Savings Account (HSA) en inglés). Básicamente es una cuenta de ahorros que tú abres en un banco exclusivamente para gastos de salud y que cuenta con varias ventajas. El dinero que pagas es deducible de impuestos. Lo que no gastes en salud puedes acumularlo para tu retiro. Puedes acumular intereses y dividendos. Como es tu propia cuenta, es portátil, es decir, cuando cambies de trabajo, de negocio o te mudes a vivir a otro estado, puedes llevarte tu cuenta. Tiene además otras ventajas jurídicas y económicas. Una advertencia, para calificar para una HSA, tienes que tener un seguro de salud con alto deducible. Pídele detalles a tu contador, te va a gustar la HSA.

Elimina cobertura que no necesitas. Revisa anualmente tu plan de salud y considera eliminar cobertura que ya no se necesite en tu familia. Por ejemplo, cancela cobertura de embarazo si ya no existe la posibilidad que quedes embarazada. ¿Para qué botar el dinero?

Ambos conyugues con seguro médico. Si tú y tu esposo tienen ambos seguro médico, revisen juntos cuidadosamente cada plan e investiguen bien sus opciones. Tal vez se puedan ahorrar dinero si incluyen a toda la familia bajo un solo plan de salud, en vez de pagar cada uno por separado. Pidan asesoramiento en su departamento de personal.

Si perdiste tu trabajo. Según la ley COBRA (por sus siglas en inglés), la compañía de seguros que tenías en tu trabajo tiene que ofrecerte la oportunidad de continuar con tu seguro de salud, siempre y cuando continúes pagando el 100% de las primas mensuales. Esta oportunidad dura entre 18 a 36 meses, dependiendo del estado donde vivas. Mientras eres empleado, tu patrón paga aproximadamente el 70% de los costos y tú el otro 30%.

Lo bueno de COBRA es que te garantiza el mismo precio por tu seguro como si todavía fueras empleado. Lo malo de COBRA es que, una vez desempleada, tú tienes que pagar el 100% de ese seguro. Si gozas de buena salud, tal vez es mejor que consigas una alternativa más económica.

Si no tienes seguro, una opción económica es ir a un centro de salud financiado por el gobierno federal como el Departamento de Salud y Servicios Humanos (Department of Health & Human Services), donde cobran precios módicos, o a lo mejor hasta nada si cálificas. Puedes buscar aquí: www.findahealthcenter.hrsa.gov. También hay clínicas populares a bajo costo atendidas por médicos con licencia. Busca en el Internet localidades en el estado donde vives.

Medicamentos genéricos. Cuando lo necesites, pídele a tu médico que te recete medicamentos genéricos sin comprometer tu salud. La principal ventaja es el menor costo para ti, ya que los fabricantes del genérico no tienen que invertir dinero en investigación, ni desarrollo, ni promoción del producto. Estos fármacos tienen que cumplir con el mismo control de calidad y normas sanitarias que los medicamentos de marca, y también aseguramiento de que son igualmente eficaces en el organismo. Para protegerte, sin embargo, cerciórate de preguntarle a tu médico cuál es el nombre genérico de la medicina y qué dosis te está recetando. Pídele también que escriba el propósito del medicamento al lado de su nombre. Así te aseguras que la farmacia no cometa errores con tus medicamentos. Tú estás en control de tu salud.

Pide muestras gratis. Cuando te receten nuevas medicinas, pídele a tu doctor que te dé muestras gratis. De esa manera, si la medicina te causa alergia, no te da el resultado esperado o te causa efectos secundarios, no terminas con un botiquín lleno de medicinas caras que no usas. Si te da vergüenza pedir muestras de medicinas nuevas, imagínate cientos de dólares hechos pedacitos y guardados en la gaveta de tu botiquín. Como que no tiene sentido, ¿verdad?

Cupones de descuento en medicinas. También pregunta si la compañía farmacéutica que manufactura la medicina ofrece cupones de descuento. Ten presente que el propósito de los cupones es seducir a los pacientes a que sigan usando y comprando el producto, porque así la compañía ganar dinero. Si el producto (medicina) es correcto para ti, entonces lo estarás comprando a precio económico. Y si tu seguro te ayuda con este gasto, mejor aún.

Compra de anteojos. Para ahorrar en la compra de anteojos, compra monturas de buena calidad y úsalas de nuevo cada vez que el oculista cambie tu receta. Los vendedores de gafas se resisten y te dicen que puede romperse la montura, pero sé firme e insiste que lo hagan de todas formas. Recuerda, es tu dinero; si aun así se niegan, recoge tu receta y llévala a otro lugar.

No compres la garantía que te ofrecen. Los vendedores de gafas, para aumentar su ganancia, siempre tratan de venderte una garantía suplementaria a la del fabricante, pero tal garantía cubre únicamente tus lentes, no las monturas. Si se rompen, te los reemplazan; la garantía vale lo que cuestan los lentes nuevos.

Lentes adicionales, lentes baratos. Si lo que necesitas es simplemente lentes de aumento para leer o mirar detalles en miniatura, además de los lentes caros de receta que compraste, cómprate también varios pares de lentes baratos, de esos que venden en tiendas o farmacias. Cómpralos de la misma graduación que los de tu receta. Luego deja los lentes baratos en cada uno de los cuartos de tu casa. De esta manera rápidamente encontrarás lentes donde estés sin tener que ponerte a buscar. Usa tus lentes de receta para ocasiones especiales, como por ejemplo cuando asistes a una conferencia. En caso de duda, consulta con el optometrista.

Visita al dentista. Una sonrisa atractiva es una sonrisa saludable porque indica dientes bien cuidados. Una buena dentadura protege no sólo la salud bucal sino la salud de todo el cuerpo. Si las bacterias dañinas invaden la boca, rápidamente se extenderán por el resto del cuerpo. Enséñales higiene bucal a tus niños. Visita al dentista con regularidad y asegúrate que tu familia haga lo mismo. Tendrás beneficios dobles tanto de salud como económicos. El dentista te felicitará por cuidar tus dientes, tu caudal aumentará, tendrás mejor salud y no sabrás lo que es un dolor de muelas.

9. EXCELENTE EDUCACIÓN CON POCO DINERO

Estudios del rendimiento económico en varios países alrededor del mundo, comprueban que una persona con buena preparación educativa encuentra más oportunidades de ganar dinero que una persona que no la tiene. Casi todos queremos educarnos mejor y darle una buena educación a nuestros hijos. Sin embargo, el costo de la educación puede ser bastante alto dependiendo de la carrera.

En los Estados Unidos hay muchas organizaciones, públicas y privadas, que proporcionan becas a los estudiantes. También hay personas que contribuyen fondos personales para costear becas. Existe entonces bastante dinero para ayudar a quien desee estudiar, la clave está en saber encontrarlo. Te daré algunos indicios donde empezar a buscar. Esta información se aplica tanto para ti, si eres estudiante como para alguno de tus hijos.

Pregúntale a tu patrón. Muchas grandes empresas ofrecen becas para los hijos de sus empleados o reembolsan los gastos educativos que hagan. El Departamento de Recursos Humanos de tu compañía te dará esa información. Si tu hijo(a) trabaja en un lugar donde emplean a los jóvenes, como las cadenas que venden hamburguesas o los supermercados, probablemente califica para una de las becas que ofrece esa organización. Pídele a tu hijo que te ayude a buscar becas, los jóvenes suelen tener buenas ideas y pueden hasta entusiasmarse.

Becas locales. Habla con tu consejero donde estudias y pídele una lista de las becas a nivel local. Por lo general las probabilidades de conseguir becas locales en pequeñas áreas geográficas son excelentes. Hay muchos clubes locales de servicio a la comunidad como los Rotarios, los Leones, las Soroptimistas, entre otros, que tienen dinero para becas. Si tu consejero no conoce estas organizaciones (unos consejeros son más competentes que otros), ponte en contacto con la cámara de comercio local.

Afiliación a organizaciones. Piensa en las organizaciones a las que tú perteneces, o tu esposo, o familiares y amigos. Muchos de nosotros pertenecemos a organizaciones religiosas, de servicio comunitario, fraternidades, grupos militares, sindicatos laborales o asociaciones profesionales. El que busca encuentra; pregunta a cada organización si patrocina becas.

En el estado donde vives. Ponte en contacto con el Departamento Estatal de Educación Superior. Los estados también ofrecen becas, claro está que para estudiantes que quieren estudiar en el estado. Como dice el gran libro: "pide y se te dará".

Busca las buenas becas. Si la solicitud es para tu hija(o), no pases por alto los lugares tradicionales como el Reserve Officer Training Corps (ROTC), Gates Millenium Scholarships, National Merit Scholarships, Coca Cola Scholarships, entre otras. Estas son buenas becas otorgadas por grandes organizaciones a nivel nacional. En la oficina del consejero de la escuela, colegio o universidad deben tener buena información y una lista extensa.

Busca en el Internet. Hay muchas organizaciones que ofrecen buena información gratis de dónde encontrar becas. No debes de pagarle dinero a nadie para que te ayude a encontrarlas; si alguien te cobra por buscar no aceptes tal propuesta. Aquí te doy algunas opciones: http://apps.collegeboard.com/, http://www.fastweb.com/. Advertencia, *a Dios rogando y con el mazo dando.* Tú o tu hijo(a) van a tener que llenar un formulario extenso que pide información detallada. Contesta las preguntas minuciosamente, porque así recibirás una lista más completa de las becas disponibles. Una vez que recibas esta lista, te conviene solicitar las más becas posibles.

10. DIVERSIONES ALEGRES Y ECONOMÍAS SANAS

Tú eres una persona responsable que trabaja muchas horas al día, varios días a la semana. Los pocos ratos que tienes para esparcimiento quieres disfrutarlos al máximo, compartiendo los buenos ratos con tus seres queridos. Durante esos momentos de diversión es fácil gastar dinero y difícil concentrarse en eliminar gastos. Vamos a buscar, entonces, maneras de pasarla muy bien usando el dinero con prudencia. Rebeca, una ama de casa con un presupuesto familiar muy limitado, utiliza más de cinco de los próximos métodos para entretener a su familia.

Comer en restaurantes. A todos nos gusta salir a comer a un buen restaurante, pero si lo hacemos a menudo puede ser un gusto bastante caro. No obstante, no es necesario que te prives de tus deleites, siempre y cuando estés al tanto de tu presupuesto. Reduce gastos buscándo buenos restaurantes económicos, con comida apetitosa. Pide recomendaciones a tus conocidos. Y para economizar aún más, cuando saques a cenar a toda tu familia, compartan los platos principales entre todos. Por ejemplo, para un grupo de cinco personas, pide tres platos principales, dos entremeses y dos platos vacíos; luego, se reparten la comida entre los cinco. Combinando y compartiendo alcanza para todos, ¡ya verás! Tu cuenta saldrá más pequeña. Mi esposo, al principio, se resistía a esta idea pero cuando se dio cuenta que podía comer bien compartiendo, lo convertí a mi causa.

Los especiales no son tan especiales. Siempre pregunta el precio cuando el mesero te recite con lujo de detalle los especiales del día. Por regla general, los precios de las especialidades a las que les hacen propaganda, son más caros para aumentar el margen de ganancia a los restaurantes. Pide otra selección.

Siempre, siempre, siempre. No te dé vergüenza revisar tu cuenta antes de pagarla, sobre todo si estás en grupo. De vez en cuando los meseros se equivocan y terminas pagando más de lo que consumiste. Te lo digo por experiencia personal.

En grupo, paga por separado. Cuando salgas a comer en grupo o asociación, asegúrate de pedirle al mesero cobro por separado (déjale su propina). Hay personas que se aprovechan de la dinámica desorganizada de los grupos y piden cenas opíparas, bebidas alcohólicas y postres caros. Cuando llega la hora de pagar la cuenta en común se hacen los olvidadizos, contribuyendo una bicoca. Tú y las demás personas de buena fe terminan pagando la cuenta de estos gorrones.

Cupones de descuento. Si sales a cenar con alguna frecuencia, busca cupones y certificados en los periódicos y revistas. Frecuentemente ofrecen dos cenas por el precio de una, o descuentos en efectivo o descuento de cierto porcentaje. También hay clubes especiales que ofrecen una cena del mes. Que no se te olvide llevar los cupones cuando salgas a cenar porque si no los usas es como si perdieras dinero. Si eres un caballero invitando a tu dama a cenar, te aseguro que la vas a dejar deslumbrada con tus habilidades para ahorrar dinero. Las mujeres nos fijamos en esos detalles. Cuando salí por primera vez con Carlos, mi ahora esposo, usó al pagar un cupón del dos por uno. Aunque me desconcertó, me gustó porque pensé que era un hombre ahorrativo.

Doble rendimiento para tu dinero. Si tienes esposo e hijos, llama a una de tus familiares o amigas -especialmente a una que te deba favores- y pídele que se haga cargo de tus niños por unas horas. Luego invita a tu esposo a una cena especial en la casa. Compra comida para llevar en un buen restaurante, compra flores, enciende velas y disfrutarás de una cena romántica sin gastar una fortuna.

Doble rendimiento para tu comida. No te dé pena y acostumbra a los tuyos que lleven a casa la comida que no se terminan en el restaurante. Te sorprenderás cuánto dinero te economizas. Si los tuyos se resisten porque les da vergüenza, explícales que al desperdiciar comida en realidad están tirando billetes a la basura.

¡Qué bueno es el bufé libre, pero cuídate! Evita comer en restaurantes que ofrecen comida estilo bufé (donde se puede uno servir todo lo que quiera). La comida es buena y tentadora pero el precio es más alto. Es difícil resistir la tentación de comer en demasía y tu ropa tiende a encogerse como por arte de magia.

Deja el postre para después. En vez de pedir postre en el restaurante, cómpralo fuera; por ejemplo, helado en una heladería. También puedes tomar café con pan dulce o galleta en una cafetería. Te ahorrarás un montón. Mejor aún, saliendo del restaurante, compra postre en la tienda donde haces tus compras de víveres y disfrútalo en casa mirando televisión o pasando un buen rato con los tuyos.

Disfruta tu helado favorito sin remordimiento de bolsillo. Cuando se les antoje salir a comer helado, mejor compra un recipiente de tu helado favorito en el supermercado y compra conos para servirlos. Pon el dinero que te ahorres en la alcancía familiar y verás que pronto tu familia ahorrará dinero para salir de vacaciones.

Lo que aprendimos de los esquimales. Compra comida congelada para calentar rápidamente en aquellas ocasiones que trabajas horas extras y llegas demasiado tarde y cansada a casa sin energías para cocinar. De esa forma evitarás la tentación de pasar a comprar comida rápida, que es menos saludable y más cara. *Advertencia*: no dejes alimentos en el congelador por varias semanas. Una vez descongelados, consúmelos rápidamente. Por ninguna circunstancia vuelvas a poner otra vez en el congelador comida que se ha descongelado.

Los restaurantes no quieren que tú te enteres de esto. En vez de comer en un restaurante, compra comida preparada en el mercado o tienda donde compras los víveres. Muchos supermercados tienen cocina donde preparan comida calientita y variada. La ofrecen en paquetes familiares, incluyendo postre. A veces hasta tienen mesa para que te sientes ahí mismo a disfrutarla. También puedes llevarla a casa para una cena suculenta y rápida. La ventaja es que el precio de la comida es más económico y te ahorrarás la propina.

Organiza vacaciones de un día. Si tus hijos quieren salir de paseo a algún lugar, dependiendo de la geografía de la ciudad donde vivas, llévalos a las montañas, la playa o a un parque regional con árboles frondosos. Durante la semana hay entrada gratuita a algunos museos, parques zoológicos, jardines botánicos y otros sitios interesantes; busca información en los sitios web. Llévate comida preparada, emparedados, frutas, postre, agua y gaseosas que hayas comprado en el supermercado.

A los niños les encanta la piscina. Lleva a tu familia a la piscina pública donde vives. El costo es mínimo y a veces gratis para los residentes.

Cine para todos a precio módico. Si acostumbras llevar al cine a tu familia con frecuencia, trata de reducir esas visitas a una vez por mes. Una salida al cine para una familia de cuatro personas, ya pasa de los $100 dólares (2008), incluyendo palomitas de maíz, refrescos y perros calientes (*hot dogs*). Es más, dales de comer a los tuyos *antes* de salir de casa, para que así no te estén pidiendo que les compres golosinas caras. Incúlcales que todos deben de contribuir a reducir gastos o vas a tener que eliminar salidas al cine.

Cine con descuento. Lleva a los tuyos a los teatros donde presentan películas de re-estreno. Puedes darles a escoger: o van con menos frecuencia a un teatro de primer estreno sin comer golosinas, o van a un teatro de re-estreno con la opción de comprarles algunas golosinas. La vida es más llevadera cuando les das a escoger y ellos toman parte en las decisiones.

Mira la función de matiné. Si hay alguna película de estreno que quieras ver, procura entonces ir al matiné, la primera función de la tarde. A veces los teatros dan descuento a esa hora porque la audiencia es escasa. Habla y pide descuento.

Tal vez mereces un descuento por edad y dignidad. Aprovecha descuentos para personas de mayor edad y para estudiantes. Si no te lo ofrecen, pídelo, a veces al taquillero(a) se le olvida.

Goza tus actores favoritos en casa. En vez de ir al cine a menudo, y gastar tiempo, dinero, llantas y gasolina haciéndolo, renta películas, quédate en casa y ordena pizza. Te divertirás lo mismo o más con la conveniencia que puedes interrumpir la película cuando quieras para ir al baño, esto no lo puedes hacer en el teatro. Además no tienes que pagar estacionamiento, ni precios exorbitantes por el espectáculo y las golosinas, definitivamente es mucho más económico divertirse en casa. Para que tus hijos se animen, permíteles invitar a uno o dos de sus amigos.

Hornea tus galletas favoritas. En tiempo de frío invita a los amiguitos de tus hijos a hornear y decorar galletas, y de paso ver películas en casa. La pasarán de lo lindo a un costo mínimo.

Que te lleven los DVD a la casa. En muchas partes puedes alquilar películas en DVD por Internet. Te llegan por correo, puedes tenerlas cuantos días quieras sin pagar recargos por tardanza, y luego las devuelves por correo en sobre con porte pagado. En los Estados Unidos hay compañías que ofrecen planes bastante económicos como: https://www.netflix.com/, https://www.blockbuster.com/, por citar algunos, que comienzan con tarifas por menos de $5 dólares (2008) al mes.

Películas gratis. Renta videos de la biblioteca pública. Por lo general, las bibliotecas públicas cobran precio mucho más bajo que cualquier establecimiento de renta. Las películas más nuevas normalmente te cuestan sólo un dólar pero si esperas unas semanas, podrás sacarlas sin costo.

Gratis, al aire libre y con fiesta. En el verano, muchos municipios de los Estados Unidos ofrecen películas, obras de teatro y conciertos al aire libre y gratis, a veces incluyen refrescos. Prepara algunos platillos en casa o compra comida rápida y lleva a tu familia a pasar una tarde amena sin salirte para nada de tu presupuesto.

Elimina el cable si es posible. ¿Para qué pagar por tener 150 canales? Si trabajas no tendrías tiempo suficiente para ver tantos programas y si no trabajas no puedes pagarlo. Si esperas unas semanas, muchos de los programas por los que pagas para ver en cable, los puedes sacar gratis de la biblioteca. Donde yo vivo, podemos ver series completas en DVD sin tener que pagar por ello. Si el cable es imprescindible en tu casa, al menos consigue un plan económico. Por ejemplo, muchas compañías de cable te ofrecen descuento si te suscribes a servicios de televisión más Internet.

Obras teatrales y conciertos a tu disposición. Busca en los periódicos locales anuncios de obras teatrales con descuento en colegios, teatros, auditorios y universidades. Busca en dos secciones principales: la de espectáculos y la de anuncios a la comunidad.

Viaja de turista sin gastar dinero. Consulta el calendario de actividades públicas en el municipio donde vives. En muchas comunidades el departamento de parques organiza excursiones de un día a lugares interesantes en las cercanías. Puedes visitar sitios históricos o asistir a festivales. Estos viajes salen a bajo costo y aveces gratis. Por lo general invitan a residentes de todas las edades. Aprovecha esas salidas.

Vacaciones

● **No salgas con el rebaño.** Trata de viajar cuando la gran mayoría de la gente no viaja. Investiga en qué época del año es cuando hay más turismo y evita salir de vacaciones en esa temporada. Viaja unos días antes que comiencen a llegar los turistas o después. Te ahorrarás no sólo en pasaje de avión sino también en costos de hotel, en muchas ocasiones recibes mejor servicio.

- **Piensa antes de seleccionar hotel.** Cuando salgas de vacaciones con tu familia, renta una habitación en un hotel económico o en un motel. Después de todo, cuando sale uno de vacaciones pasa más tiempo paseando por lugares pintorescos que en el cuarto del hotel. Además, si eres miembro de alguna asociación como el Club de Automovilistas (AAA) o los Rotarios, no olvides mencionarlo para recibir descuento.

- **Selecciona desayuno gratis.** Al hacer tus reservaciones escoge un hotel o motel que ofrezcan desayuno gratis, por lo general ofrecen el estilo continental que es café o té, pan y casi siempre fruta. Es un gasto que te vas a ahorrar y tu familia estará contenta, al menos por un rato.

- **No es necesario gastar en suntuosidades.** Evita comer o cenar en restaurantes de lujo cuando salgas de viaje, sobre todo si viajas con niños pequeños. El hecho que pagues más por la comida no significa que vas a disfrutar una mejor experiencia.

- **Boletos a descuento.** Si visitas parques de atracciones para la familia como los *Estudios Universales, Disneylandia* , entre otros, investiga primero por Internet acerca de ventas o descuentos especiales, de esa manera te darás cuenta si puedes comprar boletos a precios reducidos. Si no tienes Internet usa el de la biblioteca pública. El servicio es gratis.

Tu restaurante portátil. Si sales de vacaciones en automóvil, lleva en el baúl del carro una hielera con gaseosas y agua fría, carnes frías, queso, conservas, pan y frutas. Te sacará de muchos apuros cuando estés lejos de un restaurante y tu familia tenga hambre.

11. MÁS BELLA POR MENOS DINERO

Controlar gastos no quiere decir que te prives de ciertos gustos que para ti son importantes. Recuerda, la razón de ahorrar es precisamente para que tengas dinero suficiente para darte esos gustos. Por ejemplo, si estas acostumbrada a teñirte el pelo cada mes y piensas que para ti es una necesidad para mantener tu propia estima, entonces, adelante porque es dinero bien gastado. En este capítulo encontraras ideas de cómo ahorrar dinero haciendo unos cuántos cambios a tu rutina.

Ahorrar en la compra de artículos de belleza y uso personal, es mucho más fácil que en cualquier otra área. Como te habrás dado cuenta, el ahorro o el despilfarro es algo que uno escoge. Más caro no siempre significa mejor.

Productos de belleza. No compres tus productos de belleza en almacenes de departamentos. Cómpralos a consultoras que venden por catalogo o que ofrecen demostraciones gratis en tu casa. La calidad es muy similar a la de los almacenes pero el precio es más bajo.

Combina colores. En vez de comprar diez diferentes colores de lápiz labial, compras tres colores básicos y combínalos unos con otros. Ten presente que tu lápiz labial debe complementar el tono de tu piel, no el color de tu ropa. Básicamente hay sólo dos tonos: "fresco" y "cálido." Todas pertenecemos a uno de esos dos grupos, no importa el color de nuestra piel: rubia, morena, pelirroja. Para saber cual es tu tono, busca en tu bolsa de maquillaje dos sombras de cualquier aplicación: colorete, sombra para los ojos o rubor. Encuentra una de tono anaranjado o rojizo, y la otra de tono rosado o lavanda. Pon una aplicación en el pómulo de tu mejilla izquierda y la otra en tu mejilla derecha. Decide cuál de las dos se ve mejor en tu piel. Si es el tono anaranjado, tu piel es de tono cálido. Si es el tono rosado, tu piel es de tono fresco. Puedes también simplificar el rubor y la sombra de ojos. Así que ojo con el dinero, no lo malgastes.

Salón de belleza. Si teñirte el pelo con todo y rayitos o mechones es para ti cosa de vida o muerte, considera entonces hablar francamente con tu estilista. Explícale tu situación económica y pídele descuento por un tiempo mientras mejoran las circunstancias. Si eso no es posible, considera ir con menos frecuencia o reducir servicios. Por ejemplo, cuando te hagas rayitos no te cortes el pelo.

Cambios drásticos. Si te da pena pedir descuento y prefieres no hacer cambios drásticos, entonces paulatinamente abandona los rayitos o mechones. Nada mas saca cuentas; si pagas $100 dólares por cada sesión mensual, imagínate más bien invirtiendo ese dinero todos los meses al 10%. Al cabo de un año tendrás $1,256.56 (interés compuesto). En diez años tendrás en tu saldo $20,484.50, o sea que habrás ganado $8,484.50 en intereses. Prácticamente puedes comprar coche nuevo cada 10 años al contado o tener ahorros de contingencia para gastos iniciales de comprar la casa de tus sueños.

Corte de pelo. También si te cortas el pelo cada vez que lo tiñes, considera cortarlo una vez si y otra no. Así te ahorrarás cuando menos el costo de un corte una vez de por medio.

Escuelas de belleza. Si te ves en la necesidad de buscar un nuevo estilista, considera experimentar con las escuelas de belleza. No te de pánico. En una ocasión en que me vi en prietos económicos decidí, precisamente, ir a una escuela de belleza a que me arreglaran el pelo. Me atendieron varias estudiantes que hicieron excelente trabajo y estaban supervisadas estrictamente por una maestra. Aunque trabajaron más lento que una estilista experimentada, quedé satisfecha y el precio que pagué fue muy bajo. También hacen manicuras, pedicuras y otros procedimientos de belleza. Así que experimenta e investiga. Busca en las páginas amarillas de la guía telefónica o en el Internet sobre las Escuelas de Belleza y Cosmetología.

Manicuras y pedicuras. Si acostumbras mandarte hacer manicuras y pedicuras cada semana, considera hacerlo semana de por medio. **Mejor aún.** Aprende a hacer manicuras y pedicuras tú misma. Sí, yo sé que se siente mejor que otra persona lo haga, sin embargo, recuerda la razón por la cual quieres ahorrar dinero.

Aprende a cortar pelo. No es nada del otro mundo. Mi vecina, que se vio en apuros económicos, decidió aprender a cortarles el pelo a sus hijos. Con el tiempo, hasta a su marido peluquiaba. Tú puedes hacer lo mismo, sólo que, como toda la familia se supone está ahorrando, pídeles a los tuyos que te den a ti el dinero que le daban al peluquero.

Productos genéricos. Procura comprar productos da marca genérica, como el jabón de baño y el champú, en lugar de comprar marcas conocidas. Al fin y al cabo lo que importa es la higiene.

Compra en venta especial. Si se te dificulta comprar marcas diferentes de las que acostumbras, compra artículos en venta especial y usa cupones de descuento (si no tienes cupones a la mano, bájalos del Internet). Al ahorrarte dinero, se te hará más fácil cambiar de marca. La lista de ingredientes te indicará cuáles son los similares.

Compra en tamaño grande. Si prefieres comprar tu marca favorita aunque sea más costosa, entonces compra en tamaño grande. Asegúrate que el precio sea más económico por cantidad.

Navaja de afeitar. Compra máquinas de afeitar de buena calidad en venta especial, que usen cuchillas reemplazables. Yo tengo una maquinita que compre hace más de 20 años. Pensé que no encontraría más las cuchillas de afeitar y para mi gran sorpresa pude comprarlas en especial. En veinte años estoy segura que he ahorrado cientos de dólares.

12. LÍMPIA TU CASA, NO TU BOLSILLO

Aunque la limpieza casera no es un tema de *glamour*, sí es básico para la buena presentación del hogar. Además, la limpieza está estrechamente relacionada con la higiene y la buena salud. A pesar de ser un tema muy mundano, el gasto en esta área es importante.

Artículos de limpieza. Compra artículos de limpieza y uso personal cuando los encuentres en venta especial y en paquetes grandes. Sin embargo escóndelos de la familia, de lo contrario entre más ven más gastan y desperdician.

Algo bueno de las súper tiendas. Compra productos de limpieza y uso personal en almacenes súper-grandes que se especialicen en productos de uso general. No los adquieras en las tiendas donde compras alimentos, porque ahí sólo se especializan en productos alimenticios y por consiguiente los artículos de limpieza son más caros.

Minimiza desperdicio. Diluye con agua el detergente para lavar las manos y los platos. De esa manera protegerás tus manos (el jabón concentrado lastima la piel) y te ahorraras billetes. ¿Para qué desperdiciar?

Jabón para lavar ropa. Compara el precio y tamaño más grande de detergente que encuentres, con el precio que pagarías si compraras una medida más pequeña. En la mayoría de los casos, el precio por las medidas más grandes es más económico. Repito aquí lo que te decía tu mamá: compra siempre lo más económico. Muy sabia ella, ¿no?

Usa cupones de descuento. En los periódicos de fin de semana encontrarás varios cupones de descuento. Trata de comprar únicamente el detergente que encuentres en venta especial y en el que puedas usar cupones.

Limpia vidrios. Utiliza una mezcla de vinagre blanco y agua en partes iguales para limpiar vidrios y espejos. El resultado es muy bueno y te ahorraras cientos de dólares a través de los años. **Advertencia:** *no mezcles el vinagre con ningún otro producto de limpieza, porque se pueden crear vapores nocivos para la salud.*

Reduce la cantidad. Si es que hasta ahora has seguido las instrucciones escritas en el envase del detergente, reduce la cantidad que usas al lavar la ropa. Recuerda que a la compañía le conviene que uses más.

Periódicos. Usa periódicos para secar vidrios y ventanas en vez de toallas de papel desechables. ¿Necesito decirte cuáles son más económicos?

No más trapeador. Usa toallas o camisetas viejas en vez de comprar trapeador para limpiar los pisos. Estoy segura que siempre habrá ropa vieja que podrás usar para los pisos. Una amiga experta en ahorrar dinero me dio esa idea.

Elimina el recogedor. En vez de comprar un recogedor de basura, utiliza cartoncitos y periódicos para recoger la basura. Con el dinero que ahorres lleva a tus hijos a comer un helado, económico, por supuesto.

El mágico bicarbonato de sodio. Este producto natural es increíble en sus usos y *extremadamente económico*. Se utiliza para hornear pan y en repostería, aleja los malos olores, y se usa en productos de belleza. En cuanto a limpieza del hogar, como es un abrasivo ligero, se puede usar para lavar y limpiar casi todo: estufas, neveras, baños, lavabos, excusados y otros. Busca ideas adicionales en www.lindisima.com/hogar/.

Doble uso. Si estás acostumbrada a usar toallas de papel desechables para secarte las manos, acostúmbrate a darles doble uso. Cuando hayas terminado de secarte las manos, pasa la toalla por alguna superficie que hayas usado recientemente, después tírala al piso (siempre y cuando no sea alfombra o piso de madera) y con el pie sobre la toalla limpia alguna mancha en el piso.

Usar menos es mejor. Cuando compres toallas desechables de papel, procura comprar rollos con hojas de medio tamaño. Para la gran mayoría de los usos, las de tamaño completo son un desperdicio.

Doble uso con suavizador. Si usas toallitas de suavizador para la ropa en la máquina secadora, no las tires después del secado. Ponlas en el cesto de ropa sucia para evitar el mal olor. Úsalas también en el *closet* o en medio de ropa doblada, la mantendrá oliendo a fresco.

Para mayor rendimiento: cuando hayas acumulado muchas toallitas en el cesto de ropa sucia, utilízalas para limpiar áreas del piso que hayan acumulado mugre. Son también excelentes para limpiar la superficie esmaltada de la estufa, la lavadora y secadora.

Cestos de basura. Compra cestos de basura pequeños –en venta especial, por supuesto– para los baños, recámaras y cocina. En vez de comprar bolsas pequeñas de plástico para forrarlos, usa las bolsas de plástico en que embolsan las compras en el supermercado.

13. COMO CONSEGUIR ELECTRODOMÉSTICOS Y MUEBLES DE CALIDAD A BAJO COSTO

Existen muchas formas de ahorrar buen dinero en la compra y mantenimiento de electrodomésticos. Hay una amplia variedad en el mercado. Lo único que tienes que hacer es estar bien informada y comparar precios. Por ejemplo, si estas buscando una lavadora de ropa eléctrica y tienes acceso al Internet, sólo escribe las palabras "lavadora eléctrica". Te van a salir más de 400,000 datos sobre precios, marcas, modelos, estrategias de compra, comparaciones de calidad, etc. Al informarte mejor te convertirás en una experta en proteger tu dinero y escoger no sólo lo mejor, sino lo más económico.

Electrodomésticos.

Mantente al tanto. Mantente al tanto de la edad de tus electrodomésticos para que te percates cuándo expiran las garantías. Coloca en una carpeta toda la información, incluyendo contratos de mantenimiento, números de teléfonos del fabricante y de series, todos los datos posibles.

Usa tu garantía. Cuando se descomponga algún electrodoméstico, antes de tomar cualquier acción, investiga si está cubierto por la garantía de fábrica. Te aconsejo que no dejes que tu esposo intente repararlo. No, no es desconfianza, es más bien el complejo sistema electrónico de los aparatos modernos con circuitos microscópicos. Muchos fabricantes advierten que si se destapa el artículo se invalida la garantía. Es mejor dejar tales reparaciones en manos de peritos especializados. Si no encuentras la información de garantía, anota el modelo y número de serie, busca en Internet o llama por teléfono al fabricante o distribuidor.

Desperfectos sin garantía. Si la garantía ya caducó, investiga de todas maneras cuánto te cobra un técnico experto en arreglar el desperfecto, pide cotización gratis si es posible. Si el técnico insiste en cobrarte por el diagnóstico, investiga entonces por otros medios los costos promedios de reparaciones para así tener una idea sobre comprar un aparato nuevo o mandar reparar el que tienes. No te des por vencida muy a la ligera, averigua lo más posible, el economizar requiere un poco de esfuerzo.

Electrodomésticos viejitos. Si sabes que tu refrigerador, lavadora o secadora de ropa ya está en las últimas, no esperes a que le dé el patatús de improviso. Con tiempo comienza a comparar precios y buscar ofertas en especial. Busca información en el Internet de las marcas que ofrecen aparatos que "ahorran energía". Así estarás bien informada y preparada con dinero cuando tu electrodoméstico exhale su último suspiro.

Más ahorro. Si quieres ahorrar aún más en la compra de uno de estos artículos para el hogar, considera comprarlo usado o reacondicionado. Busca las ventas de garaje en buenas áreas, porque muchas veces los dueños están por mudarse a otro estado y les sale más económico vender los electrodomésticos que llevárselos por cientos de millas. A veces también los venden a buen precio –aún los que están casi nuevos – por cuestión de fuerza mayor, como un divorcio.

Muebles de Casa. ¿Que tal un sofá antiguo Luis XV con su tapizado original por sólo $475,000 dólares? Si buscas algo más económico tienes que hacer un plan.

a) Primero, medir el espacio donde vas a poner los muebles para tener una idea precisa.   En caso que vivas en casa o apartamento con zaguanes angostos, es mejor que midas la anchura y la altura para no comprar muebles voluminosos y pesados, así evitarás malas palabras de tus ayudantes.

b) Segundo, guíate en tus compras por tu presupuesto.

c) Busca en mueblerías con bodegas grandes durante ventas especiales.   Píde que te muestren muebles con descuento por estar fuera de temporada.

d) Visita también los mercados de las pulgas o tinaguis. Ponte tus zapatos cómodos ese día y recorre el lugar para ver lo que tienen en muebles nuevos.

e) Lée anuncios de venta en los periódicos y compara precios. No te recomiendo comprar muebles usados, causan más decepción que satisfacción; definitivamente te aconsejo que mires antes de comprar.

Encuanto a los muebles usados. Si tu presupuesto es bien reducido y no tienes más remedio que comprar usado, es mejor que sepas dónde.   Probablemente cerca de tu casa hay comunidades acomodadas donde los residentes tienen sus ventas de garaje y ofrecen artículos de buena calidad a precios bajos, incluyendo muebles. Estas ventas las publican en los periódicos, algunas veces. Los anuncios clasificados, entonces, son tu punto de partida para encontrar muebles buenos y baratos.   ¡Ideal oportunidad para ti!, sobre todo si tienes niños pequeños y no buscas muebles opulentos que ellos puedan manchar o desgastar. Antes de leer los anuncios, haz una lista de lo que necesitas para que no te dejes llevar por impulsos al encontrar gangas. Para las ventas de los sábados leé el periódico del viernes o toma nota de los anuncios que ponen en algunas calles de ciertas áreas, anunciando la venta garaje.

Selecciona las direcciones que quieres visitar y asegúrate de llegar a tiempo cuando abren el sábado, para que nadie te gane las ofertas. Si no encuentras lo que buscas en una casa, corre a la próxima *sin comprar* cosas que no necesitas sólo porque están baratas.

Otra opción. También encuentras muebles usados de calidad en lugares donde rematan mercancía sobrante de bodegas y hoteles (busca en las páginas amarillas o en el Internet tus mercados locales). En el Internet también encuentras cosas gratis www.freecycle.org, pero tú tienes que ir a traerlas o pagar por el transporte. Antes de pagar por este tipo de muebles, verifica que no estén rotos ni averiados. Los sofás y colchones es mejor que estén limpios; siéntate o acuéstate en ellos para asegurarte que están en buena condición. Inspecciona cada una de las sillas porque a veces vienen con patas rotas o zafadas. Apóyate en las mesas por la misma razón. Si compras armarios o enseres con puertas, cajones y gavetas, abre todas las puertas y hala todas las gavetas para cerciorarte que no están atrancadas. Examina la madera que no esté carcomida ni cuarteada. Finalmente, regatea, regatea.

Cuadros, adornos y demás. Esta es la gran oportunidad para mostrar tu personalidad y creatividad. No necesito decirte que para decorar un cuarto con gusto no hacen falta carretadas de dinero. Según los expertos, los accesorios o adornos le dan un toque maestro a la decoración de una habitación. Para crear un poco de drama en el ambiente, económicamente, puedes usar las fotografías enmarcadas agrupándolas según los colores o tema. Por ejemplo, puedes arreglar un conjunto de fotografías en blanco y negro en un fondo claro para dar una impresión artística de galería de arte. Las fotos a color puedes exhibirlas en lugares tranquilos, improvisados, agrupándolas en fotos de vacaciones, de ocasiones especiales, etc. Puedes ensayar con diferentes tipos de marcos y monturas. Para evitar demasiados agujeros de clavos en las paredes, pídele a alguien que te ayude a sostenerlas contra el fondo que vas a usar mientras decides dónde ponerlas.

Más sobre adornos y decoración. La manera más económica de decorar es usando los adornos que ya tienes. Sácalos a relucir para considerar sus posibilidades. Al contemplarlos, elabora tu plan. Límpialos, repáralos y bríllalos según lo consideres necesario. Si necesitas decoraciones, hay muchos lugares donde las puedes conseguir a bajo precio, por ejemplo almacenes que venden artículos usados. Ten cuidado de organizarlos para que tu casa no dé la apariencia de desorden. Si es necesario, ponlos en grupito. Por ejemplo: figurines de animales sobre un estante, conchas marinas en una mesita, etc. Ten en cuenta también el color de las habitaciones; puedes mejorar en mucho el decorado al combinarlo con diferentes colores de paredes. Te aseguro que no necesitas comprar adornos caros ni contratar a un decorador profesional. Sigue con tu plan económico de usar el dinero para salir adelante.

14. EL SECRETO DE HACER FIESTAS Y DAR REGALOS A BAJO COSTO

He aquí el secreto para estar preparada cuando te llegue una invitación de sorpresa: hay que estar preparada. Fuera de las estrategias generales de organizar tus gastos, gastar con prudencia y aprovechar los recursos que ya tienes a la mano, que estas ocasiones no te agarren desprevenida nunca más. Aquí te van algunas sugerencias que me han servido de maravilla.

Aprovecha ofertas. Compra –únicamente si tienes los medios– cuando veas una cosa en oferta especial que pueda servirte como regalo para una boda, un cumpleaños, un bautizo o cualquier otra ocasión. Ten uno o dos regalos económicos guardados en tu casa para cuando te llamen un día antes del evento. Así no tienes que preocuparte de si tienes regalo, dinero y tiempo de salir de compras. ¿Para qué pagar precios altos a última hora?

Papel de envolver. Asegúrate de tener en casa suficiente papel de envolver regalos para diferentes ocasiones: bodas, cumpleaños infantiles, fiestas prenatales, etc. Adquiere también moños y cintas de varios colores, todo comprado en venta especial. De esa forma cuando te llegue una invitación de sorpresa, evitarás correr al almacén a última hora y pagar más caro. En este caso, no es sólo dinero lo que te estás ahorrando también tiempo, y de esa manera evitarás estrés. Mujer precavida vale por dos.

Regalos de bodas. Cuando compres regalos de bodas en tiendas que tengan servicio de registro para los novios, pregunta si ofrecen envoltura gratis y aprovecha la oferta. El dinero que ahorres lo puedes utilizar para comprar un regalo ligeramente más costoso y quedarás muy bien con los recién casados.

Más ahorros. En cuanto recibas una invitación para asistir a una boda, y si te enviaron información de las tiendas en que se registró la pareja, corre a comprar el regalo lo antes posible. Entre más pronto compres el regalo, mejor es la oportunidad de comprar algún regalo que esté dentro de tu presupuesto. Además puedes aprovechar comprar, si lo tienen en venta especial, alguno de los artículos que escogió la pareja.

Envuelve tus propios regalos. Procura envolver los regalos tú misma en vez de pagar. El servicio de envoltura es caro. Te ahorraras de $5 a $10 dólares (2008) por regalo. Si tienes una familia numerosa, saca cuentas y verás la mini fortuna que estás economizando.

Fabrica tus propios regalos. Si es posible házlo. Yo comencé como *hobby* a tejer cobijas para bebé. Ahora cada vez que me invitan a una fiesta prenatal *(baby shower)* o bautizo, tengo cobijitas tejidas por mí y me ahorro mucho dinero. Asimismo, durante el año, tejo bufandas y cobijas para regalos para navidad.

Fotógrafo de ocasión en casa. Conviértete en el fotógrafo de la familia y toma fotos en toda ocasión a las más personas que puedas. Guárdalas por categorías, compra álbumes pequeños y económicos, selecciona fotos, llénalos y ¡presto!, tienes un regalo especial que te garantizo a todo mundo le va a encantar y el costo será mínimo.

Busca entre tus tesoros. Cuando recibas un regalo que no es de tu agrado, talla, color y que no lo puedas regresar al almacén o cambiarlo, puedes entonces regalárselo a otra persona – al fin y al cabo es tu propiedad– sin remordimientos de conciencia. Para no lastimar susceptibilidades, ten cuidado de no obsequiarlo a la persona que te lo dio o a algún familiar o amigo de quien te lo regaló.

Regala tu tiempo. Cuando de plano tu bolsillo esté vacío y se llegue el cumpleaños de algún ser querido, ¡regálale tu tiempo! Por ejemplo, crea en tu computadora, (si no tienes computadora siempre puedes usar la de la biblioteca pública), un "certificado" válido para cuidar niños. La persona que recibe el certificado puede usarlo cuando deseé salir con su pareja al cine o a cenar. Si es una buena amiga tuya la del cumpleaños, invítala a cenar a tu casa y renta una película. Es mucho más económico y la pasarán muy bien charlando agradablemente.

Para cumpleaños de niño. Invítalo a cenar o comer pizza a un restaurante que él escoja y explícale que ese es su regalo de cumpleaños. El pequeño disfrutará de tu atención personal y el costo será más bajo que si le compras un regalo.

El secreto de organizar buenas fiestas.

En esta área mi consejo es muy práctico, no organices fiestas grandes, sobre todo para niños pequeños. Me acuerdo cuando asistí a una fiesta de primer cumpleaños de un pequeño, quien durmió plácidamente durante todo el evento sin percatarse que había una fiesta en su honor. Eso sí, la pobre madre andaba corriendo por todos lados atendiendo a la gran cantidad de invitados. Los próximos consejos los he puesto en práctica a través de los años y estoy segura me han ahorrado cientos de dólares, si no es que miles.

Fiestas para los más pequeños. Economiza al organizar estas fiestas en un parque donde los niños puedan correr, sobre todo si tiene árboles frondosos para los adultos. Olvídate de los restaurantes caros.

Solamente para niños. Organiza la fiesta únicamente para niños de la misma edad y olvídate de invitar a los padres. Así te ahorraras dinero al no alimentar a tanto adulto. Los pequeños se divertirán más sin preocuparse de la vigilancia de los padres. ¡Inténtalo! A mí siempre me salieron buenas estas fiestas y mis hijos quedaban encantados.

Hornea tus propios pasteles. Quedan frescos y riquísimos, le darán buen aroma a tu cocina. Si no sabes hornear pasteles es muy fácil aprender. Compra las cajas que vienen ya con los ingredientes listos y lo único que tienes que hacer es añadir agua, huevos, leche y mezclar. Con el dinero que te ahorres contrata un payasito para que entretenga a los niños. Te aseguro que a los pequeños les encantará.

Disfruta buena y económica pizza. En vez de mandar pedir pizza para el cumpleaños, compra pizza congelada y lo único que tienes que hacer es calentarla cuando se llegue el momento. A mis hijos les encantaba cuando comíamos pizza sin importarles si la había comprado congelada o no.

15. CÓMO DISCUTIR FINANZAS CON LOS HIJOS

No necesito decirte que los muchachos consumen dinero ávidamente, sin gran consideración a las finanzas familiares, simplemente porque los padres así los acostumbramos. Les basta con pedir, y papá o mamá, generalmente, se siente con la obligación de dar.

Sin embargo, el remedio para esta situación es más fácil de lo que parece. Con la ayuda de tu esposo, si lo tienes, siéntate a platicar con tus hijos y muéstrales el presupuesto familiar. Díles que de hoy en adelante es necesario recortar ciertos gastos y explícales claramente porqué. En lo que respecta a gastos caseros, trátalos de igual a igual, en especial a tus adolescentes. Aunque se muestren reacios, enséñales todas las cuentas que hay que pagar en la casa. Si no hay suficiente para pagar todo, pídeles su opinión.

Tal vez se tome un poco de trabajo en dialogar con ellos acerca de dinero, especialmente si no captan el concepto de participar en discusiones familiares, pero sígueles insistiendo porque poco a poco entenderán. Los hijos son más inteligentes de lo que creemos los padres. Recuérdales que ajustarse a un presupuesto es la única forma de sacar las finanzas adelante y también poder ahorrar para los planes familiares. Ya sea un viaje, la compra de una casa o un auto nuevo.

Es más, alienta a tus hijos a seguir individualmente los mismos pasos que tú estás tomando, para que se enseñen a tener responsabilidad y resolver sus propios problemas.

Ayúdalos a crear su propio presupuesto. A estas alturas ya serás una experta en presupuestos y te será fácil ayudarlos. Explícales los pasos francamente y con calma, sobre todo la gran diferencia entre las necesidades y los gustos. Si tienes problemas, sigue tus instintos de madre.

Cantidad fija para gastos. Dales una cantidad fija por semana paras sus gastos de recreación y golosinas. Explícales que ese es todo el dinero que van a recibir esa semana, así que es mejor que lo cuiden. Insiste que si imprudentemente son manirrotos y gastan todo su dinero rápidamente, no vengan a pedirte antes de la semana próxima. Que no te dé complejo de culpa si eres severa en este punto porque estás enseñando a tus hijos la valiosa lección de la auto disciplina que los va a ayudar a salir adelante en sus vidas.

Enseña a tus hijos a ahorrar. Desde muy temprana edad motiva y acostumbra a tus hijos a ahorrar parte de lo que les das para sus gastos. A los más pequeños cómprales una alcancía, es más, deja que ellos la escojan a su gusto y color.

Ayúdalos a establecer objetivos. Los niños estarán más dispuestos a ahorrar dinero si les muestras para qué. Se motivarán si saben que están ahorrando para algo que en realidad quieren, tal vez una consola de video o una bicicleta.

Abre una cuenta de banco. Abre una cuenta de banco para cada uno tus hijos, haciendo un pequeño depósito inicial. Algunas instituciones bancarias tienen cuentas especiales para niños y ofrecen premios a los que ahorren cantidades determinadas. Acostúmbralos a que "gasten" en ellos mismos un porcentaje del dinero que reciben y el resto lo depositen en su cuenta. Ya sea parte del dinero que tú les das o lo que reciben en su cumpleaños, graduación o navidad.

Dales incentivos de ahorrar. Por ejemplo, si ellos ahorran un dólar, deposítales tú un dólar en su cuenta de banco. Seguramente a ti se te ocurrirán más ideas de incentivos.

Que ganen su dinero. Enséñalos a ganar su propio dinero. Si tienen edad suficiente, pueden cuidar niños pequeños, lavar el auto o hacer quehaceres no rutinarios en el hogar como, por ejemplo, arrancar malezas de entre las flores del jardín. Ésta también es una buena oportunidad para enseñarles responsabilidad, a que hagan bien los trabajos y los terminen.

Que paguen por sus caprichos. Evita comprarles todo lo que te piden aunque tengas dinero para hacerlo. Si quieren algo caro que no esté en tu lista, pídeles que empiecen a ahorrar para comprarlo. Está a tu discreción ayudarlos con una porción del costo, siempre y cuando ellos ya tengan su parte ahorrada primero.

Enséñalos a buscar ofertas en especial. Cuando salgan a comprar algo para ellos, muéstrales como buscar ofertas en especial. No te dejes esclavizar por presiones juveniles de comprar artículos caros sólo porque están de moda entre los adolescentes. Recuerda que tú controlas porque sabes lo que es mejor para toda la familia.

16. CÓMO CONVERTIR MALOS HÁBITOS ECONÓMICOS EN BUENOS

Comienza bien el día. Acostúmbrate a desayunar en tu casa antes de salir. De esa forma no estarás comiendo chucherías cuando te de hambre. Ya habrás leído, o visto en la televisión o escuchado al pasar que el desayuno es la comida más importante del día. Desayunar te ayuda a mantener tu peso en regla porque al mantener el equilibrio de azúcares en la sangre, no te van a dar tantos espasmos de hambre durante el día.

Compra en el súper. Compra tus panecillos en el supermercado en vez de la cafetería o el restaurante. Con lo que pagas por uno, en un restaurante, puedes comprar varios comestibles en el súper.

Come bien y económico. Lleva tu almuerzo al trabajo en vez de comprarlo. Comerás lo que te gusta y con economía.

Las visitas te ahorrarán dinero. Cuando te entren deseos de ir de compras, considera más bien afianzar tus lazos afectivos. Visita a algún amigo o familiar. Pasarás un rato agradable sin sacrificar tu bolsillo.

Gratis es mejor. Renta películas en video o DVD de la biblioteca pública, tienen incluso videos y DVDs que prestan gratis. Prepara palomitas de maíz en casa en vez de ir al cine. Con los precios que cobran en los teatros, te ahorrarás bastante; con ese dinero te puedes tomar unas vacaciones de fin de año.

Libros gratis. Saca libros prestados de la biblioteca pública en vez de comprarlos. Este servicio es gratis y hasta puedes sacar los libros recientes más populares.

Cancela y aprovecha lo mismo gratis. Cancela las subscripciones de periódicos y revistas, disfrútalas en la biblioteca pública. El dinero mensual que te ahorres, deposítalo en la cuenta de ahorros para comprar, por ejemplo, el vestido que necesitas para la boda de tu hermana menor.

Conciertos y eventos deportivos. Piénsalo muy bien antes de gastar en eventos deportivos y conciertos caros. Acabas por gastar una mini fortuna, cuando puedes ver eventos gratis por televisión. Además se te va un dineral en comida chatarra. Piensa en grande porque aquí sí que vas a ahorrar en grande.

No más membresía de gimnasio. Cancela tu membresía del gimnasio. Lee la cláusula del contrato que firmaste y si tienes que pagar extra por cancelar antes de tiempo, saca cuentas; si te conviene ¡cancela de inmediato! No necesitas de estos lugares para mantenerte en forma. Los expertos aconsejan que basta caminar para hacer buen ejercicio. Camina con la cabeza en alto, el cuerpo erguido y los pasos mesurados. Comienza poco a poco, ponte zapatos y ropa cómoda, sal de la puerta y regresa a los diez minutos la primera vez. Consulta con tu experto en salud si tienes algún problema.

Clases de ballet. Si estas en aprietos económicos deja de pagar las clases de ballet para tus hijas. En vez de eso, regístralas en programas gratis o a bajo costo que el Departamento de Parques y Recreaciones de la ciudad ofrece.

Juguetes. ¡Ah! por el amor de los hijos empeñamos el alma al diablo, bueno tal vez no tanto, pero sí muchas veces cometemos errores (y horrores) de juicio al gastar el dinero del pan de cada día en juguetes Yo lo hice. No te sientas con culpabilidad si lo haz hecho. Mejor, de hoy en adelante, resiste las súplicas de tus hijos de comprar el juguete de última moda. En vez de eso, busca limitar la compra de juguetes a uno cuando cumplen años y a otro para navidad. Dáte cuenta que los niños siempre recibirán regalos de los abuelos, de los tíos o de tus amistades.

17. NO PAGUES TANTO POR IMPULSOS LOCOS

Una de las formas más comunes de desperdiciar dinero casi sin darnos cuenta, es haciendo compras impulsivas. Hablo de desperdiciar porque las cosas que uno compra impulsivamente generalmente terminan amontonándose en la casa, muchas veces en su empaque original sin haber sido abiertas. Según los psicólogos, hay personas que son adictas a comprar y aparentemente esto es una forma de comportamiento obsesivo-compulsivo. En casos extremos ha llevado a varias personas a la ruina. Para controlar esta tendencia a comprar sin pensar, basta usar un poco de sentido común. Te recomiendo dos reglas sencillas:

1) En caso de duda si se debe hacer una compra, es mejor NO comprar.

2) Si el objeto no está en la lista de compras, debe uno esperar unas 24 horas a ver si todavía tiene ganas de comprarlo. Con el simple hecho de esperar, muchas veces desaparece el impulso de comprar. Es muy buen hábito para ahorrar dinero, te lo recomiendo.

Si notas que tu clóset contiene mercancía que compraste pero que no has usado, identifica las razones que te impulsaron a comprar por el simple hecho de comprar. Por ejemplo, muchas veces salimos de compras por depresión y gastamos para sentirnos mejor, gastando incluso, más de lo que tenemos.

Cuando no se cuenta con el dinero, lo más fácil es hacer el cargo a la tarjeta de crédito, el problema es cuando llega la cuenta porque, es muy probable, que vuelva otra vez la depresión y entonces se vuelve un círculo vicioso. La próxima vez que sientas el impulso de comprar algo que no necesitas, piensa en la alegría que sentirás cuando logres tu objetivo, ya sea tomar esas vacaciones que tanto soñaste o mudarte a esa casa nueva que tanto anhelas.

Que el tiempo te apremie. Sal de compras cuando tengas tu tiempo limitado, de esa forma no tendrás oportunidad de fisgonear todas las ofertas especiales. Si llegas a una tienda que no conoces, pregunta dónde se encuentra lo que necesitas, así tus ojos no te llevarán por senderos equivocados.

Lleva poco dinero. Cuando salgas a los almacenes lleva únicamente el dinero que necesitas para tus compras. Así te será más fácil resistir la tentación de comprar más de la cuenta.

Lista detallada. Lleva una lista detallada de lo que necesitas comprar e ignora todo lo demás que se encuentre a tu alrededor.

Bota tu dinero donde yo lo pueda encontrar. Cada vez que te sientas tentada a comprar algo, échale cabeza y piensa qué uso le darás. En caso de duda no compres.

Deja a tus hijos en casa. Cuando salgas de compras, deja a tus hijos en casa. De esa forma evitarás compras impulsivas por complacerlos a ellos.

Pasea tu capricho por la tienda. Si no puedes contenerte y ves algo que te gusta, agárralo y llévalo en la mano mientras escoges las otras cosas que sí están en tu lista. Observalo detenidamente, reflexiona si en realidad va a traerte satisfacción. Piensa por unos momentos e imagina el dinero que te ahorrarás si no lo compras. Si después de este ejercicio todavía te inclinas por comprarlo, imagina por un momento qué te dará más placer a la larga: hacer la compra intempestiva o sacar a los niños de paseo en tu soñado carro nuevo. Si todavía estás convencida que necesitas comprar tu capricho, regresa al siguiente día, quizá hayas cambiado de opinion.

Se una consumidora precavida. Cuando veas propaganda comercial acerca de ese nuevo y mejorado producto, y te entra tentación por comprarlo, hazte la misma pregunta que ya hemos mencionado antes: ¿en realidad lo necesitas? Si no va a mejorar en algo tu vida, pues ¿para qué comprarlo?

Vence la tentación. Cuando te veas en situaciones de tentación piensa en tus metas a largo plazo. Antes de comprar algo pregúntate que será más satisfactorio: poseer este artículo, disminuir la deuda en tarjetas de crédito, ahorrar para esas vacaciones que haz soñado por tanto tiempo o para comprar una casa. Analizando las compras desde una perspectiva a largo plazo, vas a dejar de comprar muchas cosas innecesarias.

Cuenta tu dinero antes de salir. Al salir de compras, revisa cuánto dinero tienes en tu cuenta de cheques y de ahorros. Esa información te ayudará a controlar gastos y evitar compras impulsivas. Tampoco te meterás en aprietos ni tendrás dolores de cabeza.

Aprende a decir que no. Si te consideras "presa" fácil de los vendedores porque te cuesta trabajo decir que NO, cuando tengas que hacer una compra grande pídele a alguien de confianza que te acompañe, te servirá de apoyo moral para no ceder a la presión del comerciante y será fácil mantenerte en presupuesto y comprar lo que realmente quieres.

Cuídate del Internet. Aunque el Internet facilita mucho la búsqueda de cosas para comprar, también tiene sus riesgos, sobre todo si le compras a compañías desconocidas que no van a responder a tus reclamos si algo sale mal ni te van a devolver tu dinero. Además, no porque un sitio web anuncie más barato sale mejor la compra. Tienes que tener en cuenta gastos de transporte y manejo. Asegúrate de comprar en sitios con buena reputación, que vendan cosas de buena calidad y ayuden a proteger tus datos personales con encripción electrónica. Antes de dar el número de tu tarjeta de crédito, verifica que la página web donde estás, tenga el emblema de un candado en la parte inferior derecha. Cuídate del robo de identidad y no le des nunca a nadie información confidencial como los números de tu cuenta bancaria, claves de seguridad, ni tampoco información personal como el apellido de soltera de tu mamá o el nombre de tus mascotas. Los ladrones electrónicos son muy astutos y pueden robarte hasta el último centavo de tus cuentas. Si no eres muy ducha en computadores o Internet, tal vez es mejor que no compres en línea. Si mi abuela viviera, ella diría que el Internet es un invento del demonio. Aunque es una opinión exagerada, es fácil cometer errores serios usando esta tecnología imprudentemente.

18.   ¿LA EXTRAVAGANCIA ES UN LUJO O UNA NECESIDAD?

"La moda no incomoda" dice el refrán popular, sólo que en esta época de intenso comercialismo en todos los medios de comunicación tienes que defender tu bolsillo a capa y espada. Muchas de las llamadas "modas" no son tales, sino que en realidad son intensas campañas publicitarias creadas por casas comerciales para vender mejor su producto.

La mejor manera de protegerte contra estas personas que quieren lavarte el coco y asaltar tu bolsillo, es haciéndote una pregunta sencilla pero profunda: este producto de moda que quiero comprar ¿tiene alguna utilidad en mi vida?

Si sucumbes a la tentación y tus pasos te están llevando hacia el almacén o tus dedos están tecleando en búsqueda de un sitio web para comprar aquel producto irresistible, síguete preguntando: ¿este producto va a simplificar mi vida?, ¿cuántas horas voy a tener que trabajar para pagarlo?, ¿me va a traer satisfacción?, ¿es reutilizable?, en vez de comprarlo ¿puedo pedírselo prestado a alguien?

No es sólo dinero lo que ahorrarás. Tu vida va a ser mejor si la simplificas. ¿Para qué llenar tu casa de chécheres que te van a complicar la vida sin traerte satisfacción. El mal llamado "prestigio social" de comprar por estar a la moda es muy fugaz. Cuida tu dinero. Se puede vivir mejor desperdiciando menos.

Aquí te van algunas ideas para que te mantengas alerta y protejas tu bolsillo.

- **Café gourmet o café regular.** En los últimos años se ha puesto muy de moda tomar café "gourmet", el cual se vende a precios más altos que el café tradicional. No te dejes engañar por las "marcas". Si eres amante del buen café, compra café excelso proveniente de un país con buena reputación cafetalera: Colombia, Brasil, Kenya, Indonesia y otros. La calidad es igual o superior a la de los llamados "gourmet." No compres tazas de café en sitios caros. Prepara un excelente café en casa y llévatelo calientito en un termo al trabajo.

- **Vístete a la última moda sin pagar por etiquetas.** ¡Que elegantes se ven esos artículos con etiquetas de casas europeas! Se venden caro porque conllevan una percepción del lujo de la alta sociedad. Esto es más visible en la última moda de ropa, calzados y carteras de mujer. No te dejes deslumbrar por apariencias porque te va a salir costoso. Considera dos observaciones: primero, por cuestiones del costo de mano de obra, muchos artículos de lujo ya no se hacen en Francia o Italia, no importa lo que diga la etiqueta y, segundo, hay una verdadera avalancha de falsificación de mercancía de renombre. Para protegerte, compra artículos elegantes y de calidad a precios económicos. Olvídate de las etiquetas de diseñadores prestigiosos. ¿Para qué pagar por percepciones?, a tus niños que todavía están creciendo, cómprales ropa económica.

Habrás notado que los diseñadores de renombre ponen su etiqueta en una gran variedad de productos, incluyendo ropa de cama, perfumes, juguetes, electrodomésticos y otros. Te sorprenderas de ver productos con etiquetas de estrellas de cine, cantantes, deportistas y otros famosos. Te haz preguntado ¿qué sabe un futbolista acerca de la fabricación de jabón de tocador? Moraleja: no te dejes engañar por las etiquetas. Que tu único objetivo al salir de compras, sea encontrar productos de calidad a precios baratos.

- **¿Se te perdieron tus lentes otra vez?** Esos lentes del sol con nombre de diseñador famoso, ¿vale la pena gastar en ellos lo que ganas en una semana? Puedes conseguirte buenos lentes a precios mucho más bajos que además, protejan tus ojos de los rayos ultra violeta y polaricen la luz. Las tiendas de mayoreo tienen una excelente selección y para que no se te pierdan, cómprales un estuche que puedas prendértelo a la ropa o afianzarlo en el visor de tu auto.

- **Jardín hermoso y económico.** Eres en realidad afortunada si dispones de espacio en tu patio para cultivar un jardín   y apuesto que te encanta plantar flores. Si notas que estás   gastando bastante dinero en plantas florales, sembrándolas cada temporada, considera sembrar plantas nativas a tu contorno ecológico. Para tener variedad, agrégale a tu jardín algunas especies de plantas perennes. Tendrás un jardín atractivo, en armonía con el medio ambiente y más económico.

Un buen lugar para encontrar atractivas plantas en maceta es en las ventas de garaje; te van a salir súper económicas porque por lo regular, la gente que se muda de casa no quiere cargar con plantas.

- **La filosofía de las herramientas, parte 1.** Si tu esposo o tú utilizan herramientas profesionalmente para ganarse la vida o acostumbran hacer sus propias reparaciones cuando algo se descompone, entonces compra la mejor herramienta de calidad que permita tu presupuesto. De no hacerlo, a través de los años gastarás el mismo dinero, pero sin tener una buena herramienta. No necesito decirte que compares precios antes de comprar.

- **La filosofía de las herramientas, parte 2.** En la gran mayoría de las casas se desperdicia mucho dinero en compra de herramientas, esto es porque la gente las compra sólo porque están en venta especial sin tener en el momento necesidad de ellas. Comprar herramientas o cualquier otra cosa, para tenerlas guardadas en caso de necesidad es mala filosofía porque no tiene sentido económico. Compra únicamente cuando lo necesites; en el caso de las herramientas, por cuestión de seguridad y economía, cómpralas de buena calidad, preferiblemente en venta especial.

- **Un dinosaurio del año pasado.** La tecnología cambia tan velozmente que lo más probable es que los objetos electrónicos que vemos nuevecitos en los escaparates de los almacenes ya estén obsoletos al salir al mercado. Por lo tanto, la gente piensa que los electrónicos que compraron hace un par de años son prácticamente inservibles aunque funcionen perfectamente, sólo porque ya no se acoplan a los dispositivos de hoy. Los fabricantes incorporan obsolescencia a sus productos para seguir vendiendo constantemente. Pero tú puedes defenderte usando tus aparatos funcionales hasta el último momento. Por ejemplo, sigue usando la cámara de video que compraste el año pasado en lugar de correr a comprarte una que acaba de salir. Cuando llegue la hora de convertir tus imágenes a los nuevos archivos que van surgiendo, selecciona las mejores para hacer impresiones en papel fotográfico, porque este papel se conserva bien a través de los años. Convierte las demás al almacenaje electrónico que esté de moda. La electrónica es maravillosa, hasta que se queme algún fusible y arruine los archivos.

- **Otro dinosaurio reciente.** En computadoras el precio bajo no es lo importante al principio, no creas que me estoy contradiciendo. La manera más inteligente de comprar una computadora es decidir, antes de comprarla, cuál será su uso, para diseñar, editar fotografías, juegos de video, escribir poemas, navegar por Internet, componer música, o lo que sea. Esta decisión te ayudará a seleccionar los programas (software) que necesitas, la cantidad de memoria que requieres para el trabajo que deseas hacer y la capacidad del disco duro.

También tienes que seleccionar el equipo periférico, como la impresora, el escáner, la pantalla, los parlantes y otros. No te espantes con toda esta palabrería rara.

Ármate de una libreta para anotar y empieza a visitar almacenes que se especialicen en computadoras, pídele a un empleado que te ayude a seleccionar, pero NO compres todavía. Visita cinco o seis tiendas para que compares calidad y precios, incluyendo los que tienen ventas especiales. Después de haber hablado con vendedores en unos tres almacenes, vas a saber qué te conviene más y quién ofrece los mejores precios, garantías, instalación y entrega. Cómprate buen equipo que te dure unos tres años (lo más seguro es que al comprarla ya va a estar obsoleta). Es más, si tú entiendes algo de electrónica, consíguete un libro en la biblioteca que te enseñe como comprar los elementos por separado para armar tu propia computadora. Ahí sí que vas a ahorrar en serio.

Una buena sugerencia si vas a la biblioteca, es ir con una persona que sepa como navegar en Internet. Así utilizas bien la computadora de la biblioteca para hacer una búsqueda de los mejores aparatos y el software más confiable.

• **El dilema de los televisores.** ¿Será necesario tener un televisor en cada habitación de tu casa? A lo mejor un solo televisor en la sala familiar es suficiente. Sí, entiendo lo que me dices, a tus hijos no les gusta nada este arreglo y con un televisor va a haber gazaperas todas las noches porque todos gustan de programas diferentes. ¿Cómo se las arreglaban tus padres cuando eras pequeña y había un solo aparato en la casa para papá, mamá y seis hermanos? Sí se puede hacer, si tú estás dispuesta a ahorrar dinero y educar bien a tus hijos. Con un televisor en la sala te darás cuenta de lo que ven todos.

• **Toma bueno y barato y con moderación.** Con tantísima cerveza que se produce en el país ¿porqué comprar cerveza importada si es más cara? Lo mismo se puede decir de los excelentes vinos domésticos que, según los catadores, están a la par con los mejores del mundo. Pues ni que discutir aquí. ¡Toma de lo mejor y cuida tu bolsillo, hombre!

- **Lo único que importa es que tu cuerpo esté saludable.** ¿Dizque estás pensando en comprar equipo de ejercicio de última tecnología? Sí, tal vez sería bueno saber cuántas calorías estás quemando por hora y cuántos minutos han transcurridos desde que te subiste a la máquina. ¿Para qué esperar a tener una máquina avanzada antes de hacer ejercicio? Una máquina más sencilla y más económica funciona exactamente lo mismo para mantenerte en forma. O mejor aún, camina diariamente para tu ejercicio cardiovascular y consíguete unas simples pesas para entonar tus músculos. En realidad todo lo que necesitas en este momento son zapatos cómodos. Consulta con tu consejero de salud si no estás acostumbrado a hacer ejercicio.

- **Te sale más económico tirar el dinero por la ventana.** Sí, porque así no tienes que bañarte, vestirte, gastar llantas, quemar gasolina y disipar tiempo para ir a comprar tu boleto de lotería. ¿Sabes cuál es la probabilidad que te ganes la lotería? Probable y abrumadoramente varios millones a uno *en contra tuya*, semana tras semana.

Don Ramiro, un amable dueño de restaurante que conozco, dice que vende en su establecimiento unos 35,000 boletos de lotería al año y que en los treinta años que lleva vendiendo lotería nadie se ha ganado el gran premio. A su manera de ver, las personas pierden dinero en lotería todas las semanas, incluyendo las que ganan algunos dólares de vez en cuando porque a la larga gastan más de lo que ganan. Piensa en ese ejemplo: si tú compraras cien boletos de lotería al día, año tras año, para tentar a la suerte, las probabilidades seguirían abrumadoramente en contra tuya. Al menos si botas el dinero por la ventana vas a alegrarle el corazón a la persona que lo encuentre, que es mejor que aumentarle el capital a cínicos explotadores. ¿No será mejor que conserves ese dinero en tu bolsillo? Sigue ahorrando que Dios no te va a desamparar.

- **Conserva tu sonrisa resplandeciente.** Todos los dentífricos en el mercado contienen básicamente los mismos ingredientes: fluoruro para combatir la caries, abrasivos para limpiar el esmalte dental y prevenir el sarro, extractos de menta o eucalipto para el sabor y substancias jabonosas para producir espuma. La organización de Informes al Consumidor (*Consumer Reports*) hizo pruebas de laboratorio (1998) y descubrió que los dentífricos económicos son tan efectivos como los caros, y los sabores son igualmente comparables. Compra entonces marcas económicas. Si te gusta alguna marca de renombre cómprala en venta especial. Busca las ofertas en los cupones de descuento. **Advertencia**: Todos los dentífricos contienen sustancias nocivas y no deben ingerirse, excepto aquellos diseñados para uso animal. Vigila a tus niños pequeños cuando se laven los dientes para que no lo traguen.

- **Riesgos de la uñas postizas.** Unos consideran que las uñas postizas son muy atractivas y lucen bien en muchas mujeres. Otros dicen que su apariencia es artificial y su tamaño es desproporcionado. Las autoridades de salud dicen que hay que irse con cautela por la incidencia de infecciones micóticas (causadas por hongos) y bacteriales. Estas infecciones se originan entre la uña natural y la postiza, posiblemente causadas por adhesivos antihigiénicos. Como estamos hablando de ahorrar, tal vez sea buena idea eliminar ese gasto repetitivo y qué mejor que hacerte la manicura. Ahora, si tu objetivo inicial era ahorrar para poderte poner uñas postizas atractivas, entonces te aconsejo que vayas con una manicurista certificada que siga las normas de la higiene y la salud. Pídele que te muestre uñas de porcelana o de acrílico, que son las que lucen mejor y no se rajan ni astillan con facilidad.

- **La puntualidad te paga.** He aquí una manera fácil de no botar dinero: cuando rentes películas, devuélvelas al día siguiente para evitar multas por tardanza. También te evitarás discusiones desagradables con el dependiente. Y a propósito, lo mismo se aplica a pagar cuentas, si lo haces a tiempo evitarás multas y ahorras intereses. Mira cuánto dinero ahorrarás cada año. Te va a parecer como si te hubieran aumentado el sueldo.

19. IDEAS PRÁCTICAS PARA "CULTIVAR" DINERO

Usa dinero en efectivo. Es mejor que usar la tarjeta de crédito para las compras. Los compradores que usan tarjetas tienden a hacer compras impulsivas, endeudándose más y más. Si desafortunadamente te retrasas un día en pagar la tarjeta, ya verás que te cobrarán un cargo y encima el interés te aumentará al 29.99% anual (datos de 2008, mira porcentajes actualizados en www.bankrate.com); al incrementarte el interés en una tarjeta, en ocasiones, el resto de las compañías con quien tienes tarjeta también aumentarán el interés automáticamente, aunque les estés pagando a tiempo. Y no sólo eso, tu puntaje de buen crédito va a bajar, tendrás que pagar más dinero por lo que compres. Eso te afectará negativamente hasta la hipoteca de tu casa. ¿Que cómo pueden hacer esto? Pues precisamente porque lo pueden, lo hacen y el gobierno se los permite. Está ahí, explicado en letras microscópicas en el contrato que firmaste. ¡¿Qué no leíste tu contrato?! Sácalo y léelo; está todo bien explicado en el inglés legalizado de jeringonza. El slogan que usan las compañías de crédito "más efectivas que el efectivo" en realidad es muy cierto, son más efectivas para las compañías y por eso tienen más dinero que nosotras.

• **Sí, sal sin ellas.** Deja tus tarjetas de crédito en casa, excepto una para las emergencias. Escóndela en un lugar recóndito de tu bolsa donde sea difícil sacarla. Sicológicamente, es más fácil comprar cuando llevas tus tarjetas de crédito contigo, que cuando usas dinero efectivo de tu cartera. Con las tarjetas es más fácil pretender que no se ha gastado y al llegar el cobro es cuando nos damos cuenta del monto verdadero de nuestros gastos.

- **Cuentas de banco gratis.** Mantén tus cuentas en bancos que no te cobren cargos mensuales ni exijan tener saldos mínimos.

- **Depósito directo.** Dile a la oficina de personal en tu trabajo que depositen tu cheque directamente al banco. Te ahorrarás tiempo y no tendrás la frustración de hacer cola en el banco. También creo que aumentarás tu capital porque dinero que no se ve, dinero que no se gasta.

- **Pon tu aumento de sueldo a trabajar.** Cada vez que te den un aumento en el trabajo, deposita ese dinero adicional en tu cuenta de ahorros. Ojos que no ven, corazón que no gasta. También puedes hacer pagos más grandes a tus tarjetas de crédito para terminar de pagarlas más pronto.

- **Reduce balances.** Para mantener alto tu puntaje de crédito y evitarte pagos de intereses, reduce el balance de tus tarjetas de crédito a un 40% o menos del límite.

- **Negocía réditos.** Llama a la oficina de servicios al cliente en las compañías de tarjetas de crédito para que te reduzcan el interés que te cobran. Si has sido un buen cliente y tienes buen historial con ellos, te será más fácil hablarles. A las compañías les gusta complacer a sus buenos clientes porque así ellos seguirán usando la tarjeta pagando a tiempo y haciendo ganar intereses a la compañía. Ambos lados se benefician. Acuérdate que en la vida no recibimos lo que merecemos sino lo que negociamos. Habla y economiza.

• **Transfiere balances.** Si tienes varias tarjetas de crédito con diferentes balances, traslada los balances que tengan los intereses más altos a la tarjeta que tenga el más bajo. Antes de hacerlo, pregunta a la compañía de la tarjeta, a la que harás la transferencia de los balances, si cobran por este servicio y cuánto. Tal vez debas pedir que te aumenten el límite para poder transferir todo lo que debes. Dos cosas que puedes negociar aquí: que no te cobren cargos y que te rebajen el interés aún más. ¿Por qué? Porque en lugar de estar pagando intereses a otras compañías, beneficiarás con tus pagos a una sola, estás trayéndoles más negocio, van a ganar más contigo. Además tú eres buena paga. Te aseguro que los bancos están acostumbrados a negociar, pide hablar con un manejador que tenga la autoridad para reducirte los cargos.

• **Abona al principal.** Lo que te ahorres en el pago por transferir un balance de una cuenta a otra, abónalo al balance de la nueva tarjeta. De esa forma terminarás pagando tus deudas mucho más rápido y te ahorrarás mucho dinero. Podrás más pronto concentrar tus energías en sacar adelante a tu familia.

• **Paga a tiempo.** Procura pagar a tiempo tus cuentas y evita recargos extras. La gran mayoría de las compañías de crédito cobran de $29 a $39 dólares (2008) cada vez que pagas tarde. Además recuerda que te subirán el interés hasta el tope (29.99% en 2008 www.bankrate.com) en *todas* las tarjetas de crédito, no sólo en la que pagaste tarde. Es importante que revises tu historial de crédito periódicamente (www.annualcreditreport.com) para asegurarte que no haya errores y protegerte contra robo de identidad.

• **Al fin.** Una vez que termines de pagar tus tarjetas de crédito, el dinero que estabas pagando al mes, síguelo depositando en tu fondo de retiro. Si pudiste vivir haciendo los pagos de esa deuda, podrás seguir ahorrando esa cantidad y hacer esos pagos a tu favor, de esa manera acumularás capital rápidamente y estarás más contenta de acercarte a la independencia financiera.

- **No más deudas.** Desde hoy evita cargar más cargos a tus tarjetas de crédito. Si no tienes en efectivo para pagar, entonces compra cuando hayas ahorrado suficiente para hacer esa compra.

- **Cheques sin fondos.** Evita girar cheques cuando sabes que no tienes fondos para cubrir el cargo. El banco te cobra un cargo a ti y a la persona a la que le giras el cheque. Los cargos por girar cheques sin fondo son de hasta 30 dólares. Además, girar cheques sin fondos es contra la ley; hasta te pueden arrestar. ¡Qué horror!

- **No más de lo necesario.** Mantén en tu cuenta de cheques únicamente la cantidad que necesites para hacer tus pagos. El resto mantenlo en una cuenta que acumule interés. Es una forma fácil de aumentar tu capital.

- **Plan de retiro.** Contribuye a tu plan de ahorros de retiro en tu trabajo, quizá al 401(K) en los Estados Unidos. Si tú haces depósitos automáticos, tu patrón probablemente también contribuye a la cuenta, en la misma cantidad que tú lo haces. Aporta entonces la cantidad máxima permitida porque es como recibir dinero gratis, ¡aprovéchalo! Además, el gobierno te rebaja los impuestos. Y tú sigues acumulando dinero sin darte cuenta que estás ahorrando. ¿Qué esperas?

- **Prepara tus impuestos.** Si no estás pagando casa y no trabajas por tu cuenta prepara tus impuestos tu misma. En las bibliotecas públicas y en oficinas del correo suelen tener las formas necesarias. En los Estados Unidos el IRS tiene el programa VISTA que prepara impuestos gratis para personas de bajos recursos. Averigua si calificas. Te puedes ahorrar hasta $100 dólares.

20. EL ÚTIL ARTE DE REGATEAR

Una manera bastante efectiva de economizar cientos de dólares al año es pedir rebaja o regatear, al comprar. Es común hacerlo en los mercados a lo largo y ancho de América Latina, y poco a poco se está acostumbrando también en los Estados Unidos. A grandes rasgos, hay dos tipos:

1) El regateo que se hace en bazares y plazas de mercado cuando estamos de viaje en el extranjero. Como en este libro no te aconsejamos que tires el dinero comprando chucherías, si quieres comprar recuerdos de tu viaje, te recomendamos que lo hagas donde compran los lugareños y no en los lugares donde se congregan los turistas a que los desplumen. Comprarás así con satisfacción y economía.

2) El regateo que se hace cuando compramos productos o servicios que necesitamos. Como las negociaciones van a ser más detalladas, nos concentraremos en este tipo de regateo.

Lo primero que hay que hacer es una lista de las cosas que se van a comprar, y saber donde adquirirlas. También es bueno tener una idea de los precios *antes* de salir de casa. Compara precios en los anuncios publicitarios (televisión, radio, revistas, periódicos), o en Internet www.froogle.com, www.shopzilla.com, www.nextag.com, www.pricegrabber.com.

Se puede regatear en casi todos los artículos y servicios, casi en todas partes. Considera la siguiente lista:

- Agencias de automóviles—siempre.
- Tianguis, mercados de las pulgas (*Swap Meet*) — definitivamente.
- Ventas privadas—sí.
- Servicios telefónicos, televisión por cable, seguros—sí.
- Mueblerías—sí.
- Tiendas de departamentos—aconsejable.
- Gastos médicos—aconsejable.
- Bienes raíces—siempre.
- Servicios personales—aconsejable.
- Supermercados—no
- Estaciones de autobuses—no

Después de comparar precios, decide cuánto quieres pagar por lo que deseas comprar. Sé justa al decidir tu precio y déjale alguna ganancia al negociante. La gran mayoría de los negocios establecen precios un poco altos en caso que algún comprador les pida rebaja. Ahora ya estás lista para entrar en acción.

Tendrás más probabilidad de éxito al negociar si lo haces cara a cara, en vez de hacerlo por teléfono o por Internet. Procura ser amable con el vendedor y trátalo con la misma cortesía que a ti te gustaría que te trataran. No actúes con timidez. Te sentirás menos nerviosa si primero saludas a la persona y luego hablas de negocios. Empieza por decirle que quieres comprar pero no a los precios anunciados. Si el empleado con quien hablas no puede autorizar rebajas, pide hablar con el gerente. No muestres impaciencia ni tampoco ansias de comprar.

Procura formarte una idea de la necesidad de vender que tiene la otra persona. Si estás en una agencia de autos, puedes comentar que el auto que quieres ha estado en el lote por varias semanas sin venderse. Si te gustó una casa, es bueno saber si el dueño acaba de comprarse otra antes de vender la que estas viendo, tiene que hacer pagos por dos casas. Si estás en un almacén, examina la mercancía a ver si percibes algún desperfecto. Si estás comprando un electrodoméstico que está de muestra en el piso del almacén, menciona que ya no es mercancía nueva pues la gente lo ha estado abriendo y cerrando.

Si el gerente te dice que no puede descontar el precio del artículo, pide entonces que te lo lleven a tu casa gratis y que lo instalen gratis también. O puedes pedir que te extiendan la garantía sin cobrarte precio adicional. Pregunta cuándo van a poner el artículo en descuento.

Ofrece pagar con dinero en efectivo. El ver billetes verdes es un aliciente muy poderoso para que el gerente se decida a venderte el artículo haciéndote un descuento. Haz el comentario que vas a regresar a comprar en ese almacén si te tratan bien.

Si no te quieren hacer rebaja, despídete y sal del almacén. No te enamores de ningún artículo que estés negociando, porque ya lo encontrarás a buen precio en otra parte. No te pongas de mal genio ni actúes con petulancia. Tu propósito es pedir rebaja, no meterte en discusiones agrias y acaloradas.

En los Estados Unidos, un lugar perfecto para negociar son los mercados callejeros en zonas comerciales de las grandes ciudades. Se encuentra una gran variedad de mercancía a precios bajos y en donde se puede regatear aún más. **Advertencia**: Aunque la gran mayoría de mercancía en estos mercados es genuina, ándate con mucho ojo y examínala bien para que no te den imitaciones.

¡Ánimo! entonces que si regateas bien, vas a economizar dinero pero en serio.

21. SI CAÍSTE A UN HOYO NO SIGAS CAVANDO

Bueno, ¿y qué pasa si las indicaciones de este libro parecen no funcionar para ti? Si después de todas las piruetas que has hecho para salir adelante y ahorrar, todavía no haz salido del hoyo financiero en que te encuentras. No desesperes, todavía tienes remedio pero *es mejor que te enfrentes a la realidad.* No creas que va a venir tu hada madrina con una varita mágica a sacarte de apuros.

- **Date cuenta que tienes un problema.** Si cada día de pago, en lugar de salir adelante parece que te hace falta más y más plata para pagar deudas, tienes un problema serio y es mejor que lo reconozcas. Ármate de lápiz, papel y calculadora y toma al toro por los cuernos.

- **No sigas cavando.** Por si acaso te brincaste todo el libro para llegar a este tema, repito el paso primordial para salir del hoyo. Haz una lista de tus gastos esenciales: casa, alimentos, servicios públicos, automóvil, medicinas. Toma una decisión en este momento—parar de gastar en cualquier cosa que no está en la lista que acabas de hacer, no importa que tan importante parezca (música, cine, ropa, etc.).

- **Empieza a economizar.** Tu lista de gastos esenciales incluye gastos fijos (pagos de vivienda, automóvil, seguro) y gastos variables como los servicios de electricidad, agua y gas).

Comienza a recortar gastos variables: apaga luces cuando salgas de una habitación, limita tus conversaciones por teléfono, acorta tus duchas con agua caliente, usa cupones de descuento para comprar víveres.

- **Escribe tu plan de gastos.** Este es el paso que se le hace más difícil a las personas, pero una vez que lo tomes todo lo demás va a ser pan comido. Haz una lista de todas las deudas que tienes y los pagos mínimos que tienes que hacer en cada deuda. Cuando hayas terminado tendrás tres listas: gastos esenciales, deudas y pagos mínimos. Suma cada una de estas tres listas. Ahora añade tus entradas. Si tus gastos sobrepasan tus entradas, es mejor que vayas directamente el próximo capítulo titulado *Cómo salir de deudas*. Si todavía te queda algún dinero para poder maniobrar tus finanzas, sigue leyendo.

- **Paga en efectivo.** Y ahora que sabes la magnitud de tus deudas, saca tus tarjetas de crédito y guárdalas donde no puedas usarlas o definitivamente, córtalas. No te endeudes más. De ahora en adelante paga en efectivo por tus compras. Si no tienes suficiente dinero para comprar algo, entonces no lo adquieras.

- **Vive con lo que ganas.** Y ya que haz parado de cavar, ahora empieza a salir del hoyo. Sigue pagando tus gastos esenciales y organiza el pago de tus otras deudas de manera que puedas enviar el mínimo (o un poco más) a cada una de ellas. Al pasar las semanas, decide qué cuentas vas a terminar de pagar primero. Explícale a la familia tus planes para salir todos de deudas. No se te olvide disfrutar y descansar, así que ten un poco de flexibilidad en gastos para distracciones, siempre y cuando todos entiendan de moderación y economías. No gastes más de lo que ganas. Concéntrate ahora en salir adelante.

- **Consigue tu paraguas antes de que llueva.** Es importante que empieces a ahorrar dinero para tu fondo de emergencias, porque tarde o temprano alguna sucederá. Una manera de prepararse sicológicamente es ahorrar poquito de dinero como una especie de rutina. Similar a lo que hacen los agricultores al plantar semillas para la próxima cosecha. No importa que comiences con poco, lo importante es que empezar a ahorrar. Establece al principio una meta de mil ($1,000) dólares para este fondo. Más tarde, cuando ya te hayas recuperado, podrás analizar mejor tus reservas.

- **No pierdas de vista tus objetivos.** Haz tomado al toro por los cuernos y estás viviendo tu vida frugalmente mientras sales del agujero. No te conviertas, sin embargo, en un mártir como los que dizque se privan de las cosas buenas y se pasan la vida contando centavitos. Mantén la frente alta, conserva tu sentido del humor y recuerda que estás ahorrando para salir todos (tú y tu familia) adelante en la vida. Tú llevas el timón. Tú controlas tu vida, no las circunstancias alrededor tuyo. ¡Ánimo!, no desfallezcas. Tienes un porvenir brillante por delante.

22. CÓMO SALIR DE DEUDAS

¿No tienes con qué pagar deudas? ¿Te acechan los acreedores? ¿Temes perder tu casa o tu carro? No eres la única. Casi todo el mundo está endeudado porque en la sociedad actual es normal tener deudas (nuestros antepasados se horrorizarían). Es más, los economistas dicen que el sistema económico nacional funciona sobre una base de deudas. En los Estados Unidos la Reserva Federal (*Federal Reserve*) controla el flujo de dinero en el país con la compraventa de pagarés del gobierno (*government securities*). Así que el gobierno necesita endeudarse para respaldar los *Federal Reserve Notes*, en pocas palabras, los dólares. Es un sistema absurdo porque el gobierno está al borde de la bancarrota en déficit constante y el valor del dólar baja y baja.

Pero tú no tienes que dejarte llevar por una situación que va de mal en peor, ni permitir que las deudas te vuelvan loca. No importa cómo te metiste en deudas y por imposible que parezca, el problema se puede arreglar paso a paso. Primero, asegúrate haber terminado el *Plan de Gastos* (primer capítulo) porque necesitas saber cuánto ganas y cuánto gastas antes de comenzar esta sección. Si no lo haz hecho, llena esa forma y luego regrésate aquí.

Para salir de deudas tienes varias opciones, dependiendo de la situación en que estés y tus planes económicos para el futuro. Comencemos con la mejor opción.

Primera opción: ayúdate a ti mismo

Este es el mejor plan porque en realidad tú controlas tu destino y en tus manos está el mejorarlo. "Ayúdate que yo te ayudaré," dijo Dios. Mira tu Plan de Gastos para ver cuánto ganas y cuánto gastas. Lo que quieres es cerciorarte que haya suficiente dinero para suplir tus necesidades básicas: alimentación, vivienda, salud, educación y seguros para protección de los tuyos. Después tienes que hacer algo que parece difícil pero que es necesario. Sé de lo que te hablo porque yo misma he seguido estos pasos. Ánimo entonces.

1. **Cancela tus tarjetas de crédito.** Todo el mundo reconoce que estas tarjetas hay que usarlas como un arma de dos filos— con mucha cautela. Dicen que la gente puede aprender a usarlas prudentemente, pero la gran mayoría termina endeudándose excesivamente y pagando además altos intereses. Algunas personas dicen que para evitarse problemas basta con cortarlas. Sin embargo, las tarjetas de crédito son demasiado tentadoras y es fácil renovarlas. Si estás tratando de salir del hoyo, ¿para qué seguir cavando? Cancélalas y córtalas de una vez para librarte de tan peligrosa "conveniencia".

2. **Elimina los gastos innecesarios.** Aprende a vivir con frugalidad. Sí se puede. Sigue las indicaciones de este libro. Aunque al principio creas que es difícil, te darás cuenta que gastar menos de lo que ganas te llenará de satisfacción. Mira otra vez tu lista de deudas y piensa que para mantener bien a tu familia tienes que liberarte de deudas agobiantes. Elimina entonces lo que no necesitas: televisión por cable o satélite; ir al cine (excepto en ocasiones especiales, como el cumpleaños de un niño); salir a cenar (exceptuando aniversarios); ir a fiestas y quinceañeras (no tendrás que comprar tantos regalos); comprar ropa nueva (excepto cuando en realidad se necesita); comprar bebidas alcohólicas; comprar cigarrillos (sí, ya sé, el tabaco te

tranquiliza, pero es dinero que estás quemando). No es más feliz el que más tiene sino el que menos necesita. Paso a paso se anda lejos.

3. **Simplifica tu Plan de Gastos.** Y ya que estás enfocado en tu *Plan*, ahora decide tú, deliberadamente, cómo gastar tu salario. Tienes que asignar adonde va cada dólar **antes de gastarlo.** Escríbelo específicamente en tu plan. Si te pagan cada semana o cada quincena, entonces es mejor que hagas un Plan Semanal o un Plan Quincenal que se ajuste a tus necesidades personales. **Si gastas tu dinero sin tener un plan te vas a meter en problemas.** ¿Para qué complicarse la vida? Revisa tu *Plan* una vez por semana para asegurarte que vas por buen camino, sólo te tomará de 15 a 20 minutos. Y recuerda, tu plan tiene que tener flexibilidad porque la vida cambia.

4. **Reconcilia tu cuenta de banco.** A los bancos les encanta que gastes más de lo que tienes en tu cuenta, porque entonces te pueden cobrar cargos una y otra vez por girar cheques sin fondos, por exceder el límite de tu tarjeta de crédito o por usar tu tarjeta de cajero automático (ATM). Estos cargos extras se tragan tu dinero y además es prácticamente imposible controlar las finanzas personales cuando se gasta dinero a diestra y siniestra usando cheques y tarjetas sin tener un plan de gastos. Para evitar cargos extras y controlar tu dinero, haz el balance de tu cuenta bancaria todos los meses, cuando te llega el extracto de tu cuenta. Es una tarea bastante sencilla, sigue los pasos detallados al reverso de la página que te manda el banco. No te conviene dejar que otra persona haga esta tarea. También lo puedes hacer en Internet.

5. **Paga tus cuentas en Internet.** Si quieres simplificar el control de tu dinero y tienes acceso al Internet, paga tus cuentas y deposita dinero en tus ahorros en línea. Al hacerlo regularmente, te acostumbrarás a reconciliar tus cuentas

automáticamente y sabrás exactamente el estado de tus finanzas. Además, comenzarás a crear, sin esfuerzo, tu fondo de emergencia, del que hablaremos más tarde.

6. **Paga tres cuentas con dinero en efectivo.** Después de pagar tus cuentas en Internet, deja tres categorías para pagar en efectivo. Consíguete tres sobres y escribe **"víveres"** en uno, **"gasolina"** (o "transportes") en el segundo y **"diversiones"** en el tercero. Luego, saca *dinero en billetes* del banco, de acuerdo a tu *Plan de Gastos,* para estas tres categorías y pon el dinero correspondiente en cada uno de los sobres. Saca dinero del banco unas dos veces al mes para estos gastos. Recuerda NO pagarlos con cheques NI tarjetas de crédito. La razón es sencilla, al usar billetes no tienes que preocuparte de controlar tu presupuesto ni gastar en exceso porque puedes ver cuánto dinero te va quedando. Cuando se acabe el dinero de un sobre, sabrás si lo gastaste de acuerdo a tu *Plan,* o si no, simplemente pasas dinero de un sobre a otro; no tienes que modificar tu *Plan de Gastos.*

7. **Ten dinero listo para emergencias.** Este paso me ha sacado a mí de muchos aprietos porque, tarde o temprano suceden emergencias. Por lo tanto considero de extrema importancia tener un fondo de emergencias porque sin él está uno a merced de las circunstancias, así que "mujer preparada vale por dos". Que se dañó el carro, se le desportilló un diente a uno, que estalló el calentador de agua en la casa o se enferma de gravedad un pariente en otra ciudad y hay que viajar de emergencia. Hay que pagar por las emergencias y no es bueno endeudarse aún más. Como las emergencias suceden con certeza, es imposible salir de deudas sin tener un fondo de emergencias. Para comenzar, trata de ahorrar mil ($1000) dólares para este fondo, comienza con lo que puedas. Tu objetivo final es tener un fondo que te permita vivir a ti y a tu familia entre tres y seis meses en caso que

se interrumpan tus entradas de dinero.

8. Paga tus deudas. Aquí es donde tu *Plan* adquiere poder y comienza a levantar el vuelo. Paga primero las cuentas más pequeñas, para que sientas la satisfacción de ir eliminando tus deudas. También así te va quedar dinero para pagar las cuentas más grandes. Aunque los expertos aseguran que es mejor comenzar a pagar las deudas que tienen un interés más alto, el factor psicológico de ir eliminando deudas es muy importante. Te digo todo esto por experiencia. Al principio, esfuérzate igualmente por ahorrar para tu fondo de emergencias y una vez que el fondo tenga $1000 dólares, dale más prioridad a pagar tus deudas. De esta manera cuando suceda algo inesperado no tienes que pedir dinero prestado. Más importante aún, podrás seguir saliendo de deudas. Te enfrentarás a la adversidad y saldrás triunfante.

9. Recompénsate por tus triunfos. Celebra tus triunfos. Cuando termines de pagar una deuda, celébralo con tu cónyugue y los niños. Cómprales algunas golosinas o lleva a la familia a cenar. Aunque es un gasto y quieres evitarlos, también es bueno fomentar los buenos hábitos recompensando los esfuerzos que hace toda la familia. Salir de deudas es un viaje largo. Tu espíritu necesita saborear las sensaciones de triunfo. Todos en la casa necesitan animarse para seguir avanzando hacia la meta final.

10. Aumenta tus entradas de dinero. Admirablemente, estás gastando menos de lo que ganas y viviendo frugalmente. Espero que también estés disfrutando tu vida, atendiendo a tus necesidades espirituales y pasando tiempo de calidad con los tuyos. Sin afectar tu relación familiar, hay un nuevo elemento que puede mejorar en mucho tu situación económica: aumentar el dinero que llega a tus manos. Si estás trabajando medio tiempo, quizá puedas trabajar tiempo completo. Si estás trabajando tiempo completo, puedes encontrar la forma que te den un aumento o que te den un ascenso con más dinero. A lo mejor puedes comenzar un negocio, poco a poco. Si ya tienes negocio, puedes buscar más clientes y mejorar tu sistema de mercadeo para aumentar ventas. La cámara de comercio de la ciudad donde vives sin duda, ofrece clases gratis para fomentar y mejorar negocios en la comunidad. Otro buen lugar para conseguir ayuda gratis o a bajo costo es la biblioteca pública. Si tienes acceso al Internet, entonces busca ideas en las páginas de negocios. Busca en al apéndice mi dirección electrónica. Tendré mucho gusto en contestar tus preguntas. Gastar menos y ganar más es una combinación muy poderosa.

Segunda opción: habla con tus acreedores

Mencionaré dos estrategias más para salir de deudas. Si ya aplicaste fielmente los diez pasos anteriores y todavía te agobian las deudas, es probable que tu situación económica ha llegado al extremo de estar trabajando sólo para pagar cuentas, tal vez te convenga hablar con tus acreedores para que te bajen un poco los pagos mensuales. La ventaja de esta opción es que tú estás en control y por lo tanto puedes defender mejor tus intereses. Nadie puede ser tan persuasivo como tú, protegiendo a los tuyos.

Tienes que seguir pagando las necesidades básicas y no están incluidas en esta opción de negociación, como tampoco las deudas que estén aseguradas; de estas hablaremos más tarde. Después de separar dinero para todas tus necesidades, verás el residuo que te queda para pagar cuentas.

• Primero mira tu *Plan de Gastos* mensuales para ver cuánto dinero necesitas para vivir, para pagar tus necesidades básicas: comida, ropa, vivienda, transporte, seguros, educación, gastos médicos, agua, energía, teléfono, recolección de basura y ahorros. Para tres de estas necesidades, es imprescindible que utilices la estrategia de los tres sobres: uno que diga "víveres", el segundo "gasolina" y el tercero "diversiones".

• Luego, junta todas las otras cuentas que te llegan mensualmente de otros acreedores – generalmente compañías financieras–. Es mejor que mires las últimas cuentas que acaban de llegar este mes, porque los últimos cobros reflejan la cantidad actual que debes a cada una y los pagos que debes hacer mensualmente. Si ves que el dinero que te queda no alcanza para hacer todos los pagos, no te preocupes que a eso vamos.

• Haz una pausa ahora que tienes las cuentas frente a ti y que probablemente ya las sumaste todas para saber cuánto dinero debes en total en cosas que no son necesidades. Comprométete seriamente contigo mismo a no meterte en más deudas. Habla con tu cónyugue para que entienda claramente ese compromiso y te apoye en lo que vas a hacer. Luego, frente de tu pareja haz trizas tus tarjetas de crédito para que se dé cuenta que estás actuando en serio y que toda la familia va a tener que hacer un cambio.

• Divide el dinero que te queda mensualmente entre el número de acreedores, en la proporción que más te convenga, según los pagos que pienses hacer a cada uno. Revisa el paso número ocho, *Paga tus deudas,* (Capítulo "Cómo Salir de Deudas"), para tener una estrategia de pagar tus deudas.

• Busca en los cobros el número de teléfono de la oficina de *Servicio al Cliente* de cada una de las compañías a las que debes dinero. Cuando llames, pide hablar con un supervisor o una persona que esté autorizada para tomar decisiones respecto a las cuentas de los clientes. Toma nota del nombre de la persona con quien hablas, el día y la hora. Habla con cortesía y explica claramente que quieres que te bajen los pagos mensuales, haciéndoles ver que no seguirás aumentando la deuda con ellos y que materialmente no te alcanza el dinero para hacer el pago que ellos quieren. En esta situación, te conviene pedir primero abiertamente que te perdonen parte de la deuda. En muchos casos que conozco, las compañías han accedido y han rebajado el monto de la deuda. En caso que no quieran hacerlo, pídeles entonces que te congelen los intereses para que estos no sigan aumentando tu deuda. Acuérdate del consejo sabio de "pedid y recibiréis".

• Recuerda hablar con amabilidad, pero también con firmeza. No aceptes una negativa tan fácilmente. Menciona que a ellos les conviene ayudarte porque así tú seguirás pagándoles. Insiste entonces que hay beneficios mutuos; ellos continúan recibiendo dinero a cambio de que tú pagues menos al mes. Acuérdate que en negocios no recibimos lo que merecemos sino lo que mejor podemos negociar. Y negociarás excelente si te esfuerzas por ver la situación desde el punto de vista de la otra persona, mientras defiendes tus propios intereses. Tú mismo eres tu mejor representante.

• Una vez acepten tu propuesta, que quede en claro que vas a hacer un pago reducido cada mes. Pídele a la persona con quien hablas un número de confirmación. Este número significa que no sólo hay un entendimiento entre tú y esta persona, sino que la persona puso la información en la computadora de la compañía sobre tal entendimiento. Vuelvo a recalcar, tú necesitas saber el nombre de la persona con quien hablaste, así como el día y la hora, en caso que haya necesidad de verificar lo hablado.

• Continúa haciendo llamadas similares a todas las financieras en tu lista. Mientras más llamadas hagas, más persuasivo te vas a volver y más probabilidades tendrás de que acepten tu propuesta. Tienen que aceptártela porque no tienes más remedio que convencerlos.

Una advertencia acerca de *las deudas aseguradas* como tu carro, por ejemplo. Por lo general a las compañías financieras no les gusta bajar los pagos de las deudas aseguradas porque tú firmaste un contrato donde te comprometes a hacer un pago fijo mensual. Si pagas menos, entonces no estas cumpliendo los términos del contrato y pueden quitarte lo que sea que esté financiando. Estas negociaciones son más difíciles de hacer porque implican redactar y firmar un nuevo contrato de refinanciamiento con pagos más bajos. Muchas compañías son reacias a hacer tanto trabajo sin lograr beneficio adicional. Algunos de mis clientes han logrado refinanciar pagos más bajos en deudas aseguradas, con simplemente añadir un suplemento (*Addendum* en inglés) al contrato. Entonces sí se puede negociar, sólo tienes que ser muy persuasivo para convencerlos. ¡No te desanimes!

Si logras convencer a todas las financieras, felicitaciones. Te quedará entonces lo más arduo del camino, que es hacer funcionar tu plan y eventualmente salir de deudas. No te desesperes, vive un día a la vez.

Tercera opción: busca ayuda profesional

La opción anterior de hablar directamente con los acreedores no es factible para todo el mundo. Funciona mejor para quién tiene aptitud para negociar y no le intimida dialogar por teléfono.

Por ejemplo, ¿qué pasa si hay complicaciones o si te incomoda ponerte en contacto con financieras? Un problema puede ser que la financiera que está financiando tu automóvil (ellos tienen el título mientras terminas de pagar), no sólo se rehúsa a rebajar tu pago sino que te amenaza con reposeer el carro sin contemplaciones si te sigues atrasando. Tu dinero no te alcanza para pagarles, ¿qué hacer?

Bueno, si te es posible vender el auto por más de lo que debes, puedes hacerlo y pagar esa deuda y luego comprarte un carro más barato con el dinero que sobre. Pero, probablemente, esta es una ilusión que no va a suceder. Es mejor poner tus desarregladas finanzas en manos de un *asesor (consejero) de crédito profesional* que sepa arreglarlas.

Básicamente en lo que te ayuda uno de estos profesionales es a establecer un presupuesto familiar basado en tus ingresos familiares y tus deudas. Van a exigir de ti, claro está, que les des comprobantes de todo lo que ganas, así como una lista completa de todos los acreedores, incluyendo direcciones, números de cuentas y de teléfono. Basado en la documentación que tú les presentes, discutirán un plan de pagos que te permita salir de deudas en cierto periodo de tiempo. Se pondrán en contacto con los acreedores para persuadirlos, a nombre tuyo, que acepten el plan de pagos propuesto. Si los acreedores aceptan, tú enviarás dinero mensualmente al asesor para que él se encargue de hacer los pagos a los acreedores. Del dinero que tú le envíes mensualmente, el asesor se va a cobrar un porcentaje para pagar gastos administrativos y sus honorarios. Ahora bien, ¿dónde encontrarlo?

Hay muchos lugares donde puedes indagar: en una cooperativa de crédito (credit union), en un banco, en la facultad de negocios de una universidad, en la biblioteca pública, en una base militar (tienen este servicio para familias de militares), en la cámara de comercio, en Internet (www.ftc.gov/credit). Busca "Credit Counseling." Aunque el título está en inglés, allí encontrarás asesoramiento de profesionales de crédito en español. Unos asesores trabajan por su cuenta o en firmas privadas, otros lo hacen para organizaciones sin ánimo de lucro.

Una advertencia acerca de los asesores de crédito: TODOS cobran por sus servicios, aún los que trabajan para fundaciones sin ánimo de lucro. Es más, muchos dicen que sus compañías son fundaciones no lucrativas que trabajan para el bien público y puede no ser cierto. Ten cuidado porque hay muchos engaños en este campo. Muchos asesores cobran altos honorarios por análisis y consulta, luego, cuando tú comienzas a hacer pagos mensuales creyendo que el asesor va a pagar tus deudas, te enteras de la triste realidad cuando continúas recibiendo cobros terminantes de los acreedores. Y al final te encuentras con la terrible sorpresa que la persona se embolsó tu dinero sin hacer ni un sólo pago.

Para más seguridad, pide referencias. Cuando encuentres un asesor, consulta a la Organización Pro Mejoramiento de los Negocios (*Better Business Bureau* -BBB), ahí te dirán si la firma que quieres contratar tiene buena reputación. Los asesores más honestos, aunque no siempre los más capacitados, los encuentras por lo general en el Servicio de Consejería de Crédito al Consumidor (*Consumer Credit Counseling Service* -CCCS), una organización semiautónoma a nivel de gobierno local. En el CCCS los asesores cobran precios módicos.

23. INVERSIONES 101

Te mereces unas felicitaciones muy especiales si tuviste la visión y la disciplina de acumular un excedente de dinero. Ahora pon esa acumulación a trabajar para que produzca más dinero sin tú tener que trabajar tanto. Haz de cuenta que el dinero es como un árbol que tienes que cuidar para que crezca, te de sombra y fruto. Tu capital tienes que plantarlo en inversiones adecuadas a tu personalidad financiera, es decir, a tu manera de encontrar un balance entre la ganancia y el riesgo. Sobra decirte que algunas inversiones que tienen la probabilidad de producir más dinero, también tienen más riesgo de perderlo. Los mercados están en constante flujo, subiendo y bajando como las olas del mar, y por lo tanto tienes que mantenerte vigilante. Edúcate sobre las inversiones para poder seguir el sabio consejo eterno de comprar barato, vender caro y esquivar peligros. No te asustes, sin embargo. Aquí te van algunas indicaciones sencillas, básicas que ayudarán a aumentar y proteger tu capital.

¿Por qué deben invertir las mujeres?

Porque tienden a vivir más tiempo que los hombres y necesitan protegerse en caso de llegar a una vejez solitaria. Además, ganan menos por varias razones: aunque se dice que hay igualdad laboral, la realidad es que en el trabajo les pagan salarios más bajos que a los hombres y el sueldo que ganan ellas tienden a gastarlo en cuestiones del hogar sin pensar en ahorrar (www.womenwork.org). También, cuando nacen los hijos, las madres por lo general interrumpen sus carreras para poder criarlos bien. Por lo tanto, hay más probabilidad que, económicamente, las mujeres se preparen menos para el futuro.

La inversión más segura.

Si no quieres tomar riesgos, pon tu dinero en una simple cuenta de ahorros. El banco te pagará interés, aunque bastante bajo. Tu capital crecerá lentamente pero tus ahorros estarán protegidos, porque los bancos no deben hacer inversiones riesgosas con el dinero de sus depositantes. En los Estados Unidos, el gobierno garantiza protección hasta un máximo de cien mil ($100,000) dólares *por cuenta* de ahorros. (Esta protección fue aumentada temporalmente a $250,000 en el 2009, averígua si fue extendida después).

Cuando tu cuenta entonces llegue a los cien mil dólares, abre otra cuenta. Para que tu dinero se acumule, no lo toques. Déjalo tranquilito que acumule interés compuesto por varios años. Compara intereses en el Internet (www.asec.org). Fíjate también cuales bancos computan interés compuesto usando la fórmula "annual percentage rate" (APR) que *te va a pagar intereses honestamente.* Existe otra formula, "annual percentage yield" (APY) que utilizan para embaucar y pagar menos de lo que deben.

Las inversiones tradicionales.

Se puede decir que hay cuatro maneras tradicionales que tiene la gente de hacer inversiones:
- Certificados de Depósito – CDs
- Fondos Mutuos

- Bonos y Acciones en la Bolsa de Valores
- "Government EE Saving Bonds" (Bonos de Ahorros del Gobierno – Estados Unidos).

Certificados de Depósito. Básicamente los CDs funcionan como una cuenta de ahorros, con la diferencia que el banco te paga un interés más alto a cambio de que dejes una cantidad determinada de dinero con ellos (mínimo $1,000 por lo general), *sin tocarlo*, por un periodo de varios meses (alrededor de un año). El riesgo es muy bajo y tu dinero estará protegido (en los Estados Unidos) hasta un máximo de cien mil dólares por CD (www.fdic.gov). Los encuentras en los bancos y otras instituciones financieras. Compara porcentajes en los sitios web de cada banco. Cuando se cumpla el periodo de madurez, puedes re-invertir tu dinero en otro CD.

Fondos Mutuos –"Mutual Funds". Son inversiones organizadas que juntan el dinero de muchos individuos para invertirlo en bonos y acciones de varias compañías. La filosofía general de los fondos mutuos es diversificar las inversiones para disminuir el riesgo, que es bajo y variable (el desempeño baja cuando la economía es lenta); corres menos peligro que si inviertes directamente en acciones de una compañía. Una ventaja es que tú puedes invertir sin tener experiencia y sin ponerte a hacer analices económicos. Los administradores de estos fondos normalmente cobran cargos de administración. Hay muchas variedades de fondos mutuos (la Bolsa de Valores dice que existen más de 5,000), que ofrecen un sinfín de opciones para acrecentar ganancias. Normalmente hay que pagar una comisión al comprarlos. Busca en medios publicitarios y en el Internet (www.investopedia.com/university/mutualfunds). Investiga y compara el desempeño de varios fondos antes de invertir. Encuentras información en la biblioteca o en el Internet.

Bonos y Acciones. Al comprar **acciones** (stocks) en una compañía, tú te conviertes en dueño de una porción de esa compañía. Tú esperas poder comprar a precio bajo para después vender a precio alto. Y como accionista, esperas también que te paguen dividendos. Muchos accionistas ganan, como también muchos pierden porque los mercados de acciones son volátiles. Las acciones las compras a los corredores de bolsa, quienes te cobrarán comisión. *No hay garantías*, el riesgo está entre moderado y alto. Investiga con cuidado antes de invertir. Lée la sección financiera del periódico, analiza los informes del Internet (www.coolinvesting.com, www.fool.com). Pregúntale a otros su opinión sobre diversas compañías, compara las diversas industrias. Las cámaras de comercio te pueden dar información básica sobre inversiones, también puedes tomar clases.

Los **bonos** (bonds) son un pagaré porque al comprarlos en realidad estás prestando tu dinero a la entidad, con la promesa que cuando maduren los bonos, te van a devolver tu inversión más intereses. Al comprar, sabes por anticipado cuando maduran y cuanto vas a ganar; tus entradas van a ser fijas. Si compras bonos de instituciones estables, tu inversión va a ser buena, con interés moderado y bajo riesgo. Antes de comprar, pide referencias e investiga la solidez y buena reputación de la entidad. Compra bonos de compañías ya establecidas que corren menos riesgo de fracasar que las nuevas (www.investinginbonds.com).

Bonos de Ahorro del Gobierno – Government EE Saving Bonds. La palabra bono significa que tú estás prestando tu dinero al gobierno de los Estados Unidos, por un periodo de veinte años, y el gobierno te va a devolver el doble del dinero que invertiste (www.treasurydirect.gov). Lo bueno es que no vas a perder tu dinero a menos que desaparezca el gobierno de la nación. Lo que no es tan bueno es que por lo general el índice de inflación es más alto que el interés que recibes, así que compara estos bonos con cuentas de ahorros de los bancos para ver donde recibes más interés (www.bankrate.com) (www.publicdebt.treas.gov).

Aquí encontraron muchos su riqueza.

En la larga historia de la humanidad, aquellos que han poseído la tierra han controlado la riqueza (reyes, señores feudales, sumos sacerdotes, terratenientes). Y aunque las fortunas en bienes raíces a veces se desploman, es más debido a la imprudencia de los especuladores que quieren ganar fortunas rápidamente. La realidad escueta es que la población del planeta sigue aumentando, y la demanda por vivienda aumenta a la par. En consecuencia, el costo de los bienes raíces, aunque fluctúa, tiende a subir, siempre. Todos necesitamos casa, así que una inversión en bienes raíces es excelente idea, pero tiene que ser una inversión activa, es decir, hay que considerarla como un negocio a largo plazo y administrarla con destreza. Aquí no se puede "mirar al toro desde la barrera."

Dice un adagio que *es mejor comprar bienes raíces y esperar que esperar y comprar bienes raíces.* Se refiere aquí a la paciencia necesaria para dejar madurar los frutos de esta inversión. Entre las principales ventajas (frutos) de los bienes raíces podemos mencionar el dinero que entra por concepto de rentas, el aumento de la plusvalía de la propiedad en el mercado, el valor que el dueño va acumulando al recibir renta de los inquilinos y pagar la hipoteca, ciertas ventajas en impuestos a la renta (en los Estados Unidos), y la oportunidad de controlar la propiedad y recibir ganancias aunque esté hipotecada.

Como cualquier otro negocio, los bienes raíces requieren primero conocimiento del mercado, y esta es la principal destreza que debes cultivar. Aprende a identificar las propiedades que puedes comprar ventajosamente. Para esto es necesario encontrar un dueño que quiera venderte a precio bajo. Por lo general, ese dueño tiene algún problema que tú puedes ayudarle a resolver, a cambio de flexibilidad en el precio y las condiciones de compra. Ten cuidado, sin embargo, que no te salga gato por liebre. No vayas a comprar los problemas de otro. Familiarízate con el área donde quisieras comprar propiedad para tener una idea de los precios, la clase de vecindario, la calidad de las escuelas (http://realestate.yahoo.com/neighborhoods). Haz una investigación inicial en el Internet (www.zipskinny.com). Busca asesoramiento de un buen agente de bienes raíces para que te ayude a buscar precios comparables, pero no dejes que este agente te ponga presión. Tú buscas y tú escoges.

Puedes encontrar gangas de cinco maneras generales:

1. Buscando en anuncios clasificados y anuncios de ventas de inmuebles.

2. Hablando con agentes de propiedad raíz, buscando en el servicio de listados múltiples (MLS), asistiendo a reuniones de clubes de inversionistas.

3. Hablando con amigos y conocidos que entiendan del negocio, hablando con abogados y contadores, y otros expertos que te ayuden a encontrar la propiedad que buscas.

4. Buscando tú mismo en anuncios de propiedades reposeídas por el banco, dueños que vivan en otro estado, anuncios legales, bancarrotas, fallecimientos, transferencias de corporaciones, o propiedades que ves al pasar por ahí.

5. Haciendo tu propia propaganda, pasando tus tarjetas de inversionista, poniendo tus anuncios que andas buscando propiedades para comprar.

Instrúyete sobre este tema, lée libros, escucha grabaciones, asiste a conferencias. Mientras mejor preparada estés, más aumentas tus probabilidades de ganar dinero en bienes raíces.

No lleves todos tus huevos en el mismo canasto.

Para proteger mejor tu dinero contra riesgos imprevistos, diversifica tus inversiones. Empápate del asunto. Divide tus haberes en tres niveles:

● **Básico**, inversiones de bajo riesgo, como cuentas de ahorro, bonos del gobierno, cuenta corriente en el banco, certificados de depósito, dinero en efectivo. Deja en este nivel una buena parte de tus haberes.

● **Intermedio**, inversiones con riesgo moderado, como los bienes raíces, Equity Mutual Funds (Fondos Mutuos de Plusvalía), Capitalization Stocks (Acciones de Capitalización), High-Income Bonds (Bonos de Alta Ganancia).

● **Alto**, inversiones más riesgosas; en este nivel invierte solamente entre un 5% y un 15% de tus haberes, de manera que si pierdes dinero aquí no va a ser una catástrofe para ti. Aquí se incluye Futures (Negocios de Futuros), Arbitraje, Opciones, Collectibles (artículos de coleccionista) y muchos de los Stocks (Acciones)

Para saber la mejor forma de dividir tus inversiones entre riesgosas pero con grandes posibilidades de ganancias y seguras pero con ganancia bajísima, te daré un consejo muy antiguo: *conócete a ti misma*. Sólo tú sabes hasta que punto tu personalidad tolera riesgos.

Busca asesoramiento de un buen corredor de inversiones, con experiencia, que te ayude a establecer un portafolio a prueba de devaluaciones y depredaciones. Para encontrar tal corredor, pide referencias a inversionistas con éxito. Procura buscar a alguien que tenga buena reputación por su integridad y que se acople a tus valores morales, porque así invertirás en compañías que conoces y cuyos productos usas.

Sigue invirtiendo un diez por ciento de tus entradas. Piensa a largo plazo, no te dejes embaucar con ideas de hacerte rico en seis meses. Esfuerzo te ha costado ahorrar lo que tienes. No juegues a la ruleta rusa con tu dinero. Se prudente, poco a poco se anda lejos. Edúcate. Sigue leyendo buenos libros, incluyendo los míos. Tienes la obligación contigo misma de aprender lo más posible sobre inversiones. Pon tu esfuerzo y obtendrás grandes ventajas. Recuerda: a Dios rogando y con el mazo dando. Aléjate de malas influencias: aquellos que piensan que pueden obtener ventaja aprovechándose de los demás o explotando las situaciones sin hacer una contribución.

Y cuando te llegue tu abundancia, acuérdate de los más necesitados. Ayuda a los demás y sigue ayudándote a ti mismo. No olvides tu plan de retiro.

Mucha suerte y que Dios te bendiga con salud y abundancia.